# 仕事と人生

西川善文



講談社現代新書
2610

目次

## 第三章　部下がついてくる人 57



## 第四章　仕事ができる人 93

# 第一章◎評価される人

## 1　ものごとをシンプルに考える

### 頭の中が整理整頓されているか

仕事ができる人の資質とは何か。一つ挙げるとすれば「頭の中をきちんと整理整頓できる」ことが大事だと私は思う。

仕事にはいろいろな要素がある。そのすべてをクリアしようなどと欲張らず、整理整頓してみる。そして「本質は何か」を考える。言い換えると、その仕事のツボがどこにあるかをつかむのである。

また、やるべきことを一つひとつしらみつぶしに片づけていたら時間がいくらあっても足りない。そこで、重要度と緊急度を天秤にかけて、やるべきことを絞り込むことが必要になる。ビジネスパーソンなら、大なり小なり、仕事の優先順位をつけていると思うが、見落としがちなのは「自分ができること」と「自分ではできないこと」「自分でやるには難しいこと」を区別する視点である。「できないこと」はできないし、「難しいこと」をやれば手間暇がかかる。仕事にはスピードが求められる。時間に制限があって間に合わないと判断し、他の人の力を借りることが可能であれば「できないこと」と「難しいこと」は助力を求めたほうがいい。

こうして頭の中が整理されていれば、仕事をどうやって進めればいいかを見極めることができる。当然、仕事が速いし、成果が挙がるわけである。

これまでにいろいろな人にお目にかかったけれども、頭の中が整理されている人かどうかは話しているうちにわかってくる。頭の中が整理されている人は何事もシンプルにしか語らない。

徹底的にポイントを絞ってシンプルに考えることは、ビジネスパーソンには絶対に欠かせない手法である。というのは、「あれもこれも」と考えていると、なかなか前に進まないからだ。当然のことだが、すべてを対象にしていたら収拾がつかなくなる。その結果、結論を出せず、行動できない。見方を変えれば、「あれもこれも」は優柔不断の温床と言っていいかもしれない。

ただ、真面目な人ほど「あれもこれも」と考えがちではある。当人がいい加減ではなく真剣にやっているだけにかわいそうだが、これは自分で意識して改めなければどうしようもない。

では、シンプルに考えるにはどうしたらいいか。まず、頭の中を整理整頓する。次に「本質」をつかみ、それを基点にして絞り込む。そうするとポイントは一つか、二つ、多くても三つまでだろう。四つ、五つになると、焦点がぼやけているから考え直すべきである。そもそも物事というのは、本来、それほど複雑なものではない。よくよく考えれば、ポイントは二つか、三つぐらいしかないのが普通だ。四つはともかく、五つも六つも考えるなど、愚の骨頂だと私は思う。

## ポイントを絞って細大漏らさず

その点で、伊藤忠商事の会長になられた瀬島龍三さんは舌を巻くほど見事だった。直接話したことはないが、一九七六（昭和五一）年から翌年にかけて行われた安宅産業と伊藤忠の合併交渉で、当時、副社長だった瀬島さんが伊藤忠側の責任者を務めた。瀬島さんは陸軍士官学校を出た軍人出身で、戦争中は参謀本部の参謀として活躍し、ソ連のシベリア抑留から復員すると、伊藤忠の越後正一《えちごまさかず》さんにスカウトされて入社したという異色の経営者である。

陸軍のエリート参謀だっただけあって、瀬島さんはものごとを複雑にとらえるのではなく、非常にシンプルにポイントを絞ってとらえる。しかも三つに絞り込むという特徴があったように思う。陸軍や海軍の文章を見ても三項目が多く、五つも六つも書かない。それが安宅と伊藤忠の合併交渉でも如実にあらわれていた。

合併交渉を開始するときに伊藤忠が提示した条件がある。

一、新日鉄の商権は間違いなく伊藤忠が継承できること。
二、一切の負担を持ちこまないこと。
三、銀行取引は合併後も第一勧銀をメーンにすること。

示されたのはこの三つだけである。瀬島さんの部下がまとめたものだろうが、「一切の負担を持ちこまない」というのは当然と言えば当然のことであって、筋の通った話だ。しかし、「一切の負担を持ちこまない」のであれば、安宅にある繊維などの事業は不要になり、採算がとれない事業もいらない。それから、余剰人員もいらないということになる。ポイントを絞り、それでいて細大漏らさず、必要なことが盛り込まれた立派なものだった。

また、伊藤忠の担当者たちもしっかりしていて、話し合って決めたことを翌日にはペーパーにまとめてきた。それでよければこちらも了承するし、おかしいと指摘すれば伊藤忠側が訂正してくる。これも瀬島式なのだろう。

面白いのは伊藤忠のペーパーが漢字とカタカナだけで書かれ、ひらがなを使っていなかったことだ。まるで電報である。日本軍の文書はひらがなを使わないが、部下たちはそれほど瀬島さんの影響を受けていたのだろう。瀬島さんの思考と手法が徹底して部下に浸透していた証でもある。

## 森を見ないで木ばかり見る人

明快にして十分――これがシンプルに考えたときの結果である。その反対に「あれ

も これも」と考える人は考えがまとまらず、「忙しい」「忙しい」と言っているだけでまったく前に進めない。捨てるものを捨てなければ、いくら一生懸命に考えてもやるべきことができないままで終わってしまうのだ。どんな問題にしても、それほどたくさんの急所があるわけではないことを意識すべきである。

また、「あれもこれも」と考える人はどうしても「木を見て森を見ず」になりがちである。というよりも、森を見ないから木ばかり目に入る。つまり、全体を見ることができれば、部分にとらわれることはなくなるはずなのだ。

先ほど、絞り込むときの基点になるのは「本質」だと述べたが、「本質」を「森」と置き換えて考えてもいい。戦前、住友本社の総理事を務めた小倉正恒が「仕事はまず大局を見て何たるかをとらえる」と言ったそうだが、全体がどうであるかを把握し、その中でどの木が重要かを判断する。これもシンプルに考えるための一つの手法である。

シンプルに考えてポイントを絞り込むメリットとして、みんなが理解しやすくなることが挙げられるだろう。会社の方針にしてもシンプルなものであれば、社員全体での共有が容易になるし、たくさんの目標を並べるより絞り込まれた目標を示されるほうが力を集中できる。

決断にしても、シンプルに考えればいいのである。大きな問題が複雑に絡み合っていることはめったにない。だから、情報を整理し、枝葉末節を捨ててポイントを絞れば、自ずと何をやればいいかが見えてくるはずだ。

法律の簡素化を意味する「法三章」という言葉がある。これは古代中国の故事に由来する。始皇帝が始めた秦王朝はたくさんの法を作っていたが、秦のあとに漢王朝を樹立した高祖・劉邦は、殺人と傷害と窃盗の三つを罰する法以外すべてを廃止し、人民から歓迎されたという。現代は法治主義の時代だから、三つの犯罪を罰する法律だけでは困るけれども、煩雑な法律がビジネスの障害となることは少なくない。何事も複雑にしてしまうと、動きを鈍らせるものだ。

物事はできるだけシンプルにとらえることが大事である。枝葉末節にこだわって、あることないことをとりまぜて考えたら、まとまる考えもまとまらない。ポイントをせいぜい三つに絞る思考法をぜひ、身につけてほしい。

## 2　七〇点で手を打つ

### 完璧な答えまでは追求しない

本質をつかむのは簡単にできることでない。しかし、あまり「難しい、難しい」と言って深刻に考える必要はない。一〇〇点満点でなく七〇点ぐらいで手を打つと割り切ればいいのである。

社会で私たちが直面するのは学校のテストとは異質の問題であり、現実を相手にする以上、なかなか一〇〇点満点は取れない。完璧な答えを追求するのではなく、「ここまでわかればいい」と割り切る。六〇点が当落の境目だとすれば、そこに一〇点上乗せした七〇点で御の字だと私は思う。

住友銀行の頭取就任時のスピーチ草稿に「経営は、失敗を全体として一定範囲内（経営として許容できる範囲内）に収める技術ともいえる。完ぺき主義、満点主義からは何も生み出せない」と加筆した。失点ばかりを気にしていたら得点できなくなる。だから、失敗は三〇点以内に抑え、七〇点を目指せばいいのである。

頭取就任時のスピーチでは、業務運営のスピードも強調した。スピードは競争力の優位要因となるだけでなく、「いかにしてスピードを速くするか」を念頭に置いて業務を点検すると、固定観念にとらわれないレベルでのプロセス改革が必要になるからだ。つまり、「本当に必要なこと」だけをピックアップしてつなぐことで、プロセスは大きく削減できる。「スピードを速くする」ということは「大事なことを選び出す」ということでもある。

プロセスを減らせば、権限を現場に与える必要が出てくるので、大幅な権限委譲を実行した。その際、判断を委ねた現場の責任者に対して、「決断を下すにあたって、八〇パーセントの検討で踏み出す勇気を持ってほしい」と求めた。私の経験から言って、八〇パーセントの自信があれば、たいがいは正しかったからである。

奇しくも自衛隊で幕僚長を務めた人が「八〇パーセントの情報で判断せよ」と語ったのだそうだ。戦争で一〇〇パーセントの情報を入手したときは、時すでに遅しということなのだろう。

「七〇点でいい」と言いながら、一方で「八〇パーセントで決断しろ」と言うのは矛盾していると受け取る人もいるだろう。七〇点は目標値であるのに対して、八〇パーセントは判断するときの目安である。そう理解していただきたい。

## 「間違ったらまずい」と思うな

ところが、真面目な人ほど、そういう割り切りが苦手であり、枝葉末節にこだわってしまう。真面目すぎると、かえってマイナスに働くわけだが、そういう部下には「少し頭を切り替えたらどうか」と上司がアドバイスしてあげるといい。上司が一言いうだけでもずいぶん違うはずだ。

ちなみに、「七〇点でいい」と「無難にやる」とは違う。

調査部時代（後述）に、調査カードの所見欄に私が書いた意見を消極的に直す上司がいた。たとえば、「Aという長所があり、Bという問題がある。Bの問題は解決が進んでいるから与信可」と書いたとしよう。それを逆にして、「Aという長所があるけれど、Bという問題があるから慎重に取り運ぶこと」と修正してしまうのだ。

それから、「間違ったらまずい」という気持ちが強い優等生タイプの調査員には、結論を明快にしない人がいた。間違ったからといってペナルティがあるわけではないのだけれども、とにかくリスクを負わないように書く。こういう人たちはあまり出世しなかった。

## 3　何もかも自分で引き受けない

### 他人の力を借りる

英語のできない人が英語で交渉しなければならない、となったら荷が重い仕事と感じるに違いない。交渉が一ヵ月後だとして、それまで英会話の勉強に精を出しても成果はたかが知れている。どんなに頑張ったところで間に合うはずがない。ならば、通訳を雇えばいいのである。

こう言われると、「当たり前ではないか」と思われるかもしれない。しかし、「英語ができないのに通訳を雇わず、英語で交渉する」に近いことを普段の仕事でやっている場合がある。要するに、できないことをやろうとするのである。

たとえば、支店の営業担当者が取引先から資金運用について質問されたとしよう。知識がないから付け焼き刃で勉強して答えたら、「その程度のことはわかっている」と言われた……。これは極端な例で、現実にこんな職員が銀行にいるとは思わない。

おそらく上司に相談し、資金運用部門の人から情報を仕入れるはずだ。それが適切な対応である。

だが、ともすると、人は他人の力を借りずに仕事をしようとするものだ。特に真面目な人ほどそういう傾向が強い。しかし、何でもかんでも自分だけで対応するのは無理と心得たほうがいい。現実問題として自分にできないことはできない。そこで、できないことは誰かにやってもらう。正確に言えば、「他人の力を借りる」のである。

仕事によっては自分一人でこなさなければならないものもあるが、ほとんどの仕事は多くの人の中で進められている。したがって、「他人を使う力」は仕事をする上で重要な能力の一つである。「どこの誰に頼めばいいか」を把握しておくことは、取引を増やす、あるいはピンチの会社を救うという重大事だけでなく、さまざまな局面で求められる。会社の中の人的ネットワークを自由自在に駆使できれば、その人は有能と言っていい。

企業調査の分野を長く担当したおかげで、私は自分の担当する仕事をすることでネットワークをつくることができた。どこの誰に聞けばいいかはおおよそ見当がついたし、どこで調べればいいか、何を調べればいいかもだいたいわかった。だが、普段は「こういうことは誰に頼めばいいか」「誰の力を借りればいいか」を常に考え、社内にどんな人がいて、誰がどんな得意分野を持っているかという情報を意識して収集する必要がある。同時に、上司から仕事を命じられたとき、「この部分は自分だけで十分だが、ここは力が足りないので、有楽町支店のAさんの助力を仰ぐ」というふうに整理しながら話を聞くように心がけるといいだろう。

**頼まれたら力を貸す**

人の力を借りるということは、自分が人に力を貸す存在であることが基本である。いつも助けを求めているばかりだと、いずれは相手にされなくなる。ビジネス社会の人間関係はギブ・アンド・テイクで成り立つからだ。

私自身のことを振り返れば、それなりに他の人からの依頼に応じてきたように思う。一九七二(昭和四七)年、東京に設けられた審査第一部へ異動となって赴任すると、大蔵省や日本銀行との渉外を担当する企画部にいた同期に頼まれ、接待に同席して、企業の状況や資金需要、それから問題が起きているところは個別に具体的に説明した。本来、これは審査部の人間がやる仕事ではない。しかし、企画部は銀行の融資状況などをデータで把握しているだけで、ヴィヴィッドな面はわからないから、ミクロな情報を行内の他部署に求め、それに私が応じたわけである。そのうちに、大蔵省や日銀の人から直接、電話がかかってくるようになった。私が「大蔵省の意見を聞きたい」「日銀の意見を聞きたい」と頼めば、企画部は仲介に汗をかいてくれただろうし、大蔵省や日銀の関係者も無下にはしにくいはずだ。

他部署から頼まれて力を貸すことを積み重ねていけば、「彼に頼めばきちんとやってくれる」という評判を得るだろう。現時点で自分のほうから頼むことがなくても、「いつかお願いするときがくる……」と思えば、そういう人から頼まれたとき、人間は積極的に対応するものである。「情けは人のためならず」を「情けをかけて甘やかしたら、その人のためにならない」と誤解する人もいるらしいが、「人のためにやったことは自分のためになる」というのが本意である。それがビジネス社会の法則であると私は信じている。

## 4　得意分野を持っている

### 仕事の中で見出すのが得意分野

組織には人事異動がある。そこで出世する人もいればそうでない人もいる。上司は何を評価して異動を決めるのか。

一つのポイントとして、得意とする分野を持っているかどうかが挙げられるだろう。人それぞれに得意分野というものがあるはずだ。それが一つの場合もあるし、二つの場合も三つの場合もある。その得意分野を活かして成果を挙げた人は評価が高い。

では、得意分野をどうやって見つけるか。仕事の中で見出し、磨いていくのが基本である。

一九六一（昭和三六）年に住友銀行に入行して研修を受けた後に私が配属されたのは、大阪港に近い大阪市の大正区支店というところだ。最初は預金の事務、次に貸し付けの事務、それから外回りに出て預金を取った。大正区支店に営業センスがあって預金をどんどん取ってくる人がいた。本当に接客がうまく、一緒に回る機会に恵まれたときは舌を巻いた。その人の手法を学ぶうちに、口下手なほうだった私も預金を集められるようになったが、面談して預金をもらうということが得意分野にはならなかった。

支店には三年いて、四年目に大阪本店調査部へ異動となった。調査部はマクロの経済調査とミクロの信用調査の二つがあり、私は信用調査を担当した。法学部出身なので簿記、会計、法人税法などの勉強をしたことがない。当然、必要な知識がゼロである。

そこで中央経済社という専門書の出版社から出ている『会計ハンドブック』という分厚い本を夜、帰ってから読んで独学した。特に指示があったわけではなく、帳簿を読むには勘定科目くらいきちんと理解していないといけないし、決算のからくりを理解していなければ仕事ができないと考えたからだ。勉強すると意外に面白く、またここで得た知識が調査部でずいぶん役に立った。

この調査部時代に私は得意分野を確立した。それは粉飾決算を見抜くことである。企業の業績はわりと簡単に悪くなってしまうが、これをよくするのは難しい。業績が悪くなる一方だと、それをこらえようとするあまり粉飾決算をする場合がある。一度ごまかすと途中でやめるわけにいかないので、粉飾がどんどん進行し、最後にはお手上げになって倒産に至る。当時は銀行の自己資本が少なかったから、融資先の倒産によって受けるダメージは大きい。それだけに粉飾決算を発見して、早く対処することが重要だった。

粉飾決算を見つけるにはコツがある。いろいろと調べているうちに「ここはおかしくないか」と引っかかる部分に出くわしたら、そこを掘り下げていくのだ。これはあまり理屈ではないところもあるが、簡単なケースであれば勘定科目を時系列で見ていくと、つじつまのあわないものがあったりする。たとえば、人件費が突然増加している場合、経費として計上できない支出を人件費の名目で処理していることが多い。それから、交際費の使い方が荒かったり、特定の取引先に集中して売っていたりすることも帳簿でわかるが、こういうところは怪しいと疑っていい。

帳簿だけで見抜きにくいのは在庫を操作された場合だ。在庫の操作とは、たとえば存在しない在庫を帳簿上に載せて資産を多く見せたり、倉庫に置いてある在庫を帳簿上は売れたことにして売り上げを計上したりすることである。

経営者の仕事のやり方を私たちは「仕振り」と呼んでいたが、これも重要なポイントである。「ここは仕振りがよくない」と思われるところは、かなりの確率で粉飾決算をしていた。

## 「得意」を専門性に限って考える必要はない

私は調査部時代に得意分野を持つことができた。しかし、粉飾決算を見抜くことだけに従事していたら、その後の人生は違っただろう。粉飾決算を見抜くという得意分野を活かして、調査部時代から私は不良債権の処理に関わった。それが審査部への異動につながり、オイルショックをきっかけに膨大な負債を抱えることになって一九七六(昭和五一)年に事業が破綻した安宅産業の処理へと続いていく。そして、大型案件を手がけた経験がバブル崩壊後の不良債権処理問題に役立ったのだ。

金融業界でも今はＭＢＡを取ることで専門性を高めるケースが増えているが、「得意とすること」を高い専門性に限って考える必要はない。先ほども述べたように営業で顧客の信頼を得る力があることも得意分野と考えていい。そういう人は、預金をもらう、あるいは融資をするときのノルマ達成に止まらず、「お客さまはどういうニーズを持っているか」を探り、新商品の提案もする姿勢が大事である。

私は一九七二（昭和四七）年の春、三三歳のときに海外の視察旅行に行かせてもらった。参加した団体旅行はヨーロッパを回るものだったが、その後、一人でアメリカを訪れた。観光のためではない。銀行がＭ＆Ａの仲介をするというテーマを持っていた。それが貸し出しも含めて新しい一つのビジネスモデルになるのではないかと考えていたのだ。

実は旅行の前に「銀行が企業の合併・提携をお手伝いすることが、この先に大きなビジネスへと結びついていく可能性がある」と、私を海外に行かせてくれた上司で後に頭取になる巽外夫《たつみそとお》部長に伝えていた。どうしてＭ＆Ａに着目したかというと、これもまた調査部での経験が元になっていた。

「調査した結果、問題があるとわかった会社をどうするか。貸金を引き揚げて、銀行の損失を最小限に食い止めればそれで終わりか」

調査部で仕事をしながら私はそのような疑問を持ち、「今後、成長が見込める事業を営んでいる会社を倒産させてしまうのは社会的損失である。単純に損失を最小限に止めればいいわけではない」という結論に至った。

「有望な会社をどうにかして救済できないものか」と考えていたとき、ヒントとなったのは経営が厳しくなっていた電子部品メーカーのことだった。私は松下電器（現・パナソニック）に行き、親しかった人に「これはおおっぴらには言えないことだけれど、この会社にもしものことがあったら、松下さんが買ってくれますか」と打診してみた。すると、「もちろん買います。われわれもあの分野はほしい」という回答をもらった。当時、松下は電子部品の分野はあまり関わっていなくて、ヨーロッパの会社との提携で松下電子工業を設立したところだった。

件の電子部品メーカーは経営的に立ち直ったので松下が買収する話は立ち消えになったが、このときの経験から「これからはM＆Aが大事なビジネスになる」という確信を私は得た。

ただし、当時は大蔵省の規制が厳しく、銀行の新規業務がなかなか認められない時代だった。日本ではまだM&Aがそれほど知られていなかったから、銀行業務の範囲内だと誤認されたら申請が認められる可能性もあったが、逆に証券会社の分野だとわかったら絶対に認可されない。そこで気がついたのは「お金をもらわなければいい」ということだ。銀行がサービスの一環として、経営が厳しくなった会社のお世話をするのならばまったく問題ない。経営危機に陥った会社の提携先を探して交渉する、あるいは合併吸収をリードすることは従来から行われていた。「たとえM&Aで手数料を取れないとしても、M&Aが銀行の重要な武器になるのであれば、チャレンジしたほうがいい」ということで、ニューヨーク、シカゴ、サンフランシスコを回ったわけだが、こういう発想を持ち、勉強したことが、後に安宅産業と伊藤忠商事の合併や安宅の残存事業と企業の処理につながっている。

得意分野を持つと言っても、その内側に特化するのではなく、得意分野を軸として仕事を広げていくことが大事なのではないかと思う。

## 5　荒っぽくても人を引っ張る

### 必然の流れを見出す

会議で方針を決めるとき、何よりも重要なのは「必然の流れを見出す」ことである。人はそれぞれいろいろな思いを持っている。その中で多くの人が「これしかない」と納得できるものをつかむ。これが説得力のある結論となる。

ところが、「必然の流れ」がなかなか見えず、会議が膠着状態に陥ることは少なくない。原因はいろいろとあるが、たとえば最初から細かい要素をいじっていると話が進まない。結論が出れば、あとは個人個人で対応することになるから、最初から細かい事情を考えていても仕方がない。したがって、会議が膠着したら、大きな要素に視線を向けさせる工夫が求められる。

それから、「ああでもない」「こうでもない」と言い続ける人がいると会議が前に進まない。しかし、濃淡の差はあれ、「いつまでも議論しているようではいけない」という意識はメンバー全員に共通するはずである。また、ある程度議論が進めば、同じ釜の飯を食べているわけだから、「何が正しいか」「何をやらなければならないか」は大なり小なりわかってくる。ところが、あまりに考えすぎるために動けなくなったりする。そういうときは、「こうしよう」と誰かが提示するのを待っている状態であることも少なくない。そこで一つ、明かりをともせば、一気に流れができ、みんな納得してついてくるはずである。

もっとも、一筋縄ではいかない事案となると、逡巡する人が出るのは無理もない話である。「これをやればこういう問題が起きる」とか「これをやればこの人が困る」というような「副作用」がある場合はなおさらだ。副作用が深刻であればあるほど、結論はなかなか出ない。そのときは、多少荒っぽくても「解決策としてはこれしかない」と示し、引っ張っていく勇気が求められる。

## 責任を取る覚悟が勇気を生み出す

多少なりとも荒っぽく人を引っ張るときはリスクを取らなければならない。失敗した場合は自分が責任を取る。それを覚悟の上でやる。覚悟というものが勇気を生み出すと私は思う。

これは私の頭取時代のことだが、「あれは荒っぽく引っ張ったかな」と思う事例の一つに、二〇〇二（平成一四）年一二月に発表し、二〇〇三（平成一五）年三月に実施した「わかしお銀行との逆さ合併」がある。さくら銀行と住友銀行が合併したとき、本店は東京に移したけれども、存続銀行は住友銀行だった。その後で、旧さくら銀行の子会社で傘下にあった第二地銀のわかしお銀行と三井住友銀行を合併させ、わかしお銀行を存続会社にした。小さい下位の企業が残り、大きい上位の企業が消えるということから、当時、「逆さ合併」と呼ばれたのだ。

わかしお銀行は経営破綻した第二地銀の太平洋銀行の受け皿会社で、一九九六（平成八）年の創業である。住友銀行は一八九五（明治二八）年の創業で一〇〇年以上経っている。「古いほうを残すべきではないか」等々、行内でいろいろと議論はあったが、「逆さ合併」の目的は、わかしお銀行を存続会社とすることで、合併差益を利用して有価証券の含み損を処理することだった。その額は約七〇〇〇億円である。

二〇〇二年九月に金融担当大臣となった竹中平蔵さんは翌一〇月、「金融再生プログラム」を発表した。その副題は「主要行の不良債権問題解決を通じた経済再生」であり、二〇〇三年から二〇〇四（平成一六）年にかけて、主要行は集中的に不良債権を処理し、二〇〇四年度末には半減させることが求められた。そのために資本不足が生じたら、公的資金が投入される。これはすなわち国有化ということだ。

私自身、「奇策」と言われるような「逆さ合併」などやりたくなかったが、生き残るためにはしようがない。旧住友出身の副頭取などは「住友がなくなるのがさびしい」と言った。それは一種のセンチメンタリズムで、あまり合理的な判断ではない。「過去の名声は名声として、今、考えなければならないのはこれからのことだ」と言う私に、「頭取がそんなことを言うのですか」との声も聞こえてきたが、感傷的な思いを押し切り、私は住友銀行の法人格を消滅させた。

トップだから強引にやれるのだと思われるかもしれない。しかし、決断を主導するのは組織の長だけとは限らない。「これだ」というものを見出して、その方向にまとめる。決まったら、それに四の五の言わせない。失敗したときに責任は自分が取ればいい。これができる人ならば、一番上の立場でなくても、組織を引っ張っていける。また、そうやって流れをつくる人は強くなる。それを繰り返すことによって、どんな場合でも責任を取る覚悟を持てるようになれば、無敵と言っていいかもしれない。

# 第二章◎成長する人

## 1　新入社員の時期に大事なこと

### 余計なことを考えず仕事する

現役で大学に合格し、留年しなかった人は二二歳で就職するが、一浪したら二三歳、二浪したら二四歳で会社に入ることになる。大学院卒業ならもっと年齢は上だろう。また、ビジネスパーソンの二〇代といっても、八年間ある人もいれば六年間の人もいて幅がある。しかし、何歳で就職しようとも、新入社員時代に心すべきは「余計なことを考えず、仕事に集中する」ということだ。学生から社会人になり、右も左もわからない身である。とにかく自分に与えられた仕事を一生懸命にやるより他にない。

当たり前のことだけれども、「自分が何に向いているのか」は仕事をやっていて見えてくるものだし、ビジネスパーソンとしての「武器」も仕事をする中で磨くものである。まずは自分の置かれている立場で仕事を一生懸命にやらなければ道は開けないと心得るべきである。

また、自分に任されている仕事に全力で取り組むことでいろいろなことを学べる。そのときはわからなくても、一生懸命に仕事をする中で「ビジネスパーソンとしての財産」を築いていたと、あとになって気づくはずである。

二二歳で住友銀行に入った私は、一ヵ月あまりの研修が終わると、前述したように大阪市大正区の大正区支店に配属された。一年目は主に支店内での事務をやり、二年目から外回りの営業に転じた。暑い日も寒い日も、朝九時を過ぎると自転車に乗って担当地区を走り回った。大正区は工場が多く、空気の汚いところだったから、半日たつとワイシャツの襟や袖が真っ黒になった。

外回りの営業で重点が置かれたのは預金集めである。私が入行する何年か前までは、どちらかというと富裕層を主体に預金を頂戴していて、一般のお宅を個別に訪問してお願いすることはなかった。しかし、高度経済成長で資金需要が高まる一方であるのに対して、銀行にはそれに応えるだけのお金がない。そこで、「とにかく預金を集めろ」ということになり、富裕層だけでなく庶民のお宅を訪ねて営業することになった。すでに取引のあるお客さまは調べればわかるから、そこは除外して、取引のないお宅に飛び込み営業もした。よその銀行に預けているお金をいただけるかもしれないからである。

駆け出しの新米だけに私はなかなか目標を達成できなかったが、一九六二（昭和三七）年の一二月に初めて達成した。実は、この月は想定外の「付録」に恵まれたのだ。少し前に担当するお風呂屋さんが火事になった。私はお風呂屋さんの経営者を訪ねて「一二月に火災保険がおりるように頑張ってください。保険がおりたら、そのお金を預金してください。お支払いになるときに引き出せばいいんですから」とずうずうしくもお願いすると、保険のお金をそのまま預金してもらえた。これが目標達成の大きな一因だった。一生懸命やっていると、そういう変なツキが出てくるものだ。

## 「心の壁」を突破する

今振り返って面白いと思うのは、営業を担当して八ヵ月もの間、目標に届かなかったのに、一二月以降は目標をクリアする月が出てきたことだ。陸上競技の一〇〇メートル走で、かつて「一〇秒の壁」というものがあったという。どんなに優れた選手でも一〇秒を切ることができなかったから「壁」と言われたのだが、一度、九秒台で走る選手が出ると、次々に一〇秒を切る選手があらわれた。今では日本の高校生が一〇秒を切るかどうかと騒がれるようになった。私の経験と「一〇秒の壁」は異質なのかもしれないが、人間には「心の壁」というものがあるように思う。心のどこかで「できないのではないか」と感じている間は難しくても、「なんだ、できるじゃないか」となったら難しくなくなる。そんな心の法則があるのではないだろうか。

外回りの営業では当然ながら従来からお付き合いいただいているお客さまのほうが多い。お客さまにはこちらの言うことを聞いてくれるいい人となかなか聞いてくれない難しい人がいる。普通は難しいお客さまのところに行くのは嫌なものだ。しかし、担当している以上はそういう人のところに行かないとますます疎遠になりかねない。難しいからといって会いに行かないというのではなくて、むしろそういう人に積極的にアプローチするほうがいいということも、新人時代に学んだ。

難しいお客さまはすぐに何かやってくれるというわけではない。しかし、足繁く通っていろいろな世間話をしているうちに「これをお願いします」と切り出すと、ほとんどの人はいやと言わず、個人の定期預金をくれたりする。担当先がだいたい中小企業で、「会社」の部分と「個人」の部分とが一緒になっているところが多かった。だから、会社としては付き合わなくても、個人として付き合ってくれたのだ。それは相手に「この新米小僧を何とかしてやらないと」「この小僧、かわいそうだから」という同情心があったからだろうと思う。そこまで至るには、何度も何度も足を運ぶ。何度も行っているうちに先方も情にほだされて、「少しは言うことを聞いてやろうか」ということになるのである。

## ひとりの人間として人間関係を作る

今でも鮮明に記憶に残っているお客さまに、新興宗教の教会がある。毎日、賽銭を集金に行って、一円から一〇〇円までの硬貨が入った麻製の布袋を受け取って持ち帰る。本来はそこで数えなければいけないのだが、いろいろな硬貨が交ざっているので、いちいち選別していたらかなり時間がかかる。「持って帰っていいですか」と尋ねたら、「どうぞ、持って帰ってください。あなたの計算をそのまま信用します」と例外的な対応を許してもらった。

ただ、賽銭の袋を自転車に載せると、その重みでハンドルが揺れ、どうしようもない。落としたらいけないので、自転車を押して歩いて支店に帰った。当時、土曜日も半日営業していたので、これが日曜を除いて毎日繰り返された。正直なことを言うと、土曜日の午後になるとホッとしたものである。

半世紀以上も昔のことになるが、大正区支店で働いた三年はいい思い出である。二年目、三年目は盛り上がって、支店の業績表彰も連続してもらった。また、営業の仕事を通して、人間のいい面も悪い面も教わった。もちろん、社会に出たばかりの若造に本当の厳しさがわかるわけはないのだが、次のステップに進んだときには参考になった。

当時、大正区支店にいた人たちの集まりで大正区会というものがある。私が頭取か副頭取になったぐらいから始まった親睦会だ。毎年二月、大阪の銀行会館で催され、だいたい四〇人ぐらいが集まる。昼食をとったあとはカラオケをやったりして、夕方にお開きになる。

学生時代の友人は社会に出てからも立場を超えて付き合えるところがあるが、駆け出し時代の先輩、同僚、後輩もそれに近いところがある。それが現在の利害に結びつかない関係でなければいけないが、ひとりの人間としての人間関係をつくる時期としても、会社に入ってからの二、三年は大事ではないかと思う。

## 2　一つ上の立場で考えるかどうかで差がつく

### 会社内の自分の仕事の見取り図を描く

二五歳の春に私は支店勤務から大阪本店の調査部に異動した。調査部は徒弟制度のような形で教育を施す。私の場合、六年先輩の課長代理が「先生」になり、その下について調査に同行した。そして、先生を手伝いながら「どういうことを聞くか」「どういう聞き方をするか」「どこを見るか」等々を実地で勉強するのである。

調査が終わって銀行に戻ると、「君はどういう見方をしたか」などと「先生」から聞かれる。「こういう見方をしています」と答えると、「うん、そうだな。もう一つ、こういうことがあるんだよ」とか「あのときにこう聞いたのはこういう意味だった」といったレクチャーを受けた。それが三ヵ月、四ヵ月続いた後に一人で調査を任され、三年ほど経ってから「弟子」が一人、預けられた。

調査部には一九七〇（昭和四五）年の秋まで在籍したから、二〇代後半から三〇代の初めまでを過ごしたセクションである。その六年半はよく働き、よく勉強したと、自分でも思う。また、「銀行というものはいかにあるべきか」「銀行で働く人間はどうあるべきか」ということも、調査部にいた時期に考えた。そこで銀行員としてのバックボーンができたと自覚している。

当時の体験を振り返ると、会社に入って七、八年経つ頃には、担当する仕事だけでなく、会社全体のことがだいたい見えてくるのではないかと思う。そのときに「自分の仕事が会社全体のどの部分でどう役に立っているか」という見取り図を頭の中で描ける人と描けない人に分かれる。二二、二三歳で入社した人であれば、この分かれ道は三〇歳前後にあらわれることになる。

もちろん、すべての人が会社全体のことが見えてくるとは限らない。会社全体が見えない人と、全体が見えても見取り図を描けない人は、そこで終わりということになってしまうような気がする。一方、見取り図を描けた人はというと、銀行なら銀行全体のこと——あるいは自分が所属するグループでもいいけれども——をよく理解し、自分の役割をわきまえて仕事を進めればいい。「自分の役割をわきまえる」とは、現在のポジションにおける仕事だけではなく、自分の上の長がやるべきことを理解し、グループ内の意見を集約していくときには後押しする姿勢を持つことである。野球にたとえれば、「監督だったらどう考えるか」「自分をどう扱うか」といったチームのマネジメントや戦略を一選手が理解し、フォローするということになる。

## お客さまとの関係を第一に考える

「目の前の仕事だけでなく、一段階、上を見ながら仕事をすること」は二〇代から意識していれば身につく。そこで鍵となるのは「組織の目的がどこにあるか」という理解だが、これが本当にわかるのは「自分の仕事が会社のどの部分でどう役に立っているか」という見取り図を描けるようになってからだ。したがって、全体が見えない時期は「すぐ上の上司が何を考えているか」「自分に求められているものは何か」程度でもいい。

組織の規模や事業形態によっては、三〇歳前後になっても全体がつかめない場合がある。そのときは、支店なら支店全体のこと、あるいは支店が属するグループ全体のことを理解する。支店を例にとれば、自分が所属するセクションの外にも目を配り、「支店全体としてはどういうことになっているのか」「組織上は支店長がトップとしても、本当は誰がリードしているのか」「誰が守っているのか」などを把握する。組織の大小はあるにしても、最低限、自分の周りのことは理解しておく。そして、そこで「いかに自分が役に立つか」を考えていくのである。

自分に与えられた仕事だけではなく、それよりも一歩も二歩も前を見ながら仕事をすることは、自分を鍛え、成長させる秘訣である。これは銀行のみならず、メーカーも商社も一緒だろう。

また、三〇歳そこそこの人間であっても、物事をきちんと整理し、どうあるべきかを考え、実行しようとしている人を、組織として評価することが重要だ。評価すると言っても、給料を上げるとか、役職を与える必要はない。その人の考え方、意見を尊重すればいい。尊重してもらうことで、その人間は一層伸びていく。無視しては駄目ということだ。そこまでひどい経営者はいないはずだが、こういう人材を認めないトップの下では、会社は曲がった方向にしか行かないはずである。

なお、これは仕事で基本中の基本だから言うまでもないことではあるけれども、新入社員のときからお客さまとの関係を第一に考えて行動することを心がけてほしい。どんな業種でもお客さまあっての会社である。仕事とはお客さまのためにできる限り尽くしていくということなのである。

## 3　上司に恵まれる

### 上司とは相性があるから厄介だが

組織の成員にとって上司の持つ意味は大きい。上司に恵まれれば仕事の成果が大きくなるし、自分の成長も一層進む。逆に、上司とうまくいかないと、異動でとんでもないところへ飛ばされて、うだつが上がらないこともある。だから、部下にとって上司との関係が大事だが、これは相性があったりするから厄介だ。その点で、私は上司の縁に恵まれたと感謝している。

私にとって大きな存在だった上司は磯田一郎さん（後に頭取、会長）だ。磯田さんとの縁は住友銀行でバンカーとして生きるきっかけでもあった。もともと新聞記者を志望していた私は、大学四年の夏休みに「住友銀行の人から、いい学生がいないかと言われたので、いっしょに行かないか」と同級生から誘われ、大阪本店を訪ねた。就職する気はあまりなく、冷やかし半分だったから、Tシャツを着てヨレヨレのズボンをはいての訪問だった。会うといっても、人事部の若手社員か、せいぜい部長代理あたりだろうと思っていた。

最初に人事部の部長代理が出てきて面接した。そして、「人事部長と会わないか」と言われて会ったのが磯田さんだった。

「住友銀行の部長ともなると、すごいな」

これが第一印象である。本人にそういう気はなかったと思うが、威圧される感じがした。京都大学でラグビーをやっていただけあって磯田さんは身体が大きい。それも威圧感の一因だっただろう。しかし、体格より何より、人間としての器量の大きさに圧倒されたように思う。

しっかりした記憶はないが、「何が得意か」「スポーツは何をやったか」「どういう法律が好きか」、そういったことを訊かれた気がする。また、磯田さんは「大学のときはラグビーに明け暮れていたから、私はほとんど勉強していない」「住友は預金量の順位で言えば上から四番目だ」「これからは大衆化をしなければならない」という話をしていた覚えがある。短い時間だったけれども、磯田さんが住友銀行に誇りを持っていることが感じられた。

面接を終えた磯田さんは人事担当専務の浅井孝二さん（後に頭取）のところへ私を連れていき、「西川君を採用したいと思います」と言った。すると浅井さんが、「ぜひ、住友銀行に来たまえ。ただし、銀行は厳しいぞ」と答えた。その場で内定が出たことに戸惑いつつ、「こんな格好で会社訪問するような者でいいんですか」と私が尋ねると、浅井さんは「そういう格好で来てくれる人が本当に信用できる」と言った。

「ここは面白い会社だ」と私は感じたが、住友銀行への就職を決めた最も大きな理由は、磯田さんとの出会いが強烈だったことだった。

一九六一（昭和三六）年に入行してからも私は磯田さんを尊敬し、磯田さんに取り立ててもらいもした。たとえば、経営危機に陥った安宅産業の処理に一九七五（昭和五〇）年から始めて八年にわたって従事したが、磯田さんの支援でずいぶん助けられた。かつて磯田さんから「西川君は眼光が鋭いから、頭取にしたい」と言われたこともあった。そういうことも影響して、私は五〇代で頭取になれたのだと思う。

## 新米行員を一人前にする配慮に感激

上司と部下の関係は組織の大小によって多少、違いが出てくる気がする。組織が小さければ関係は濃密になる傾向が強く、大きければ希薄になる傾向があるだろう。大きな組織に属した私の経験から言うと、社員数の多い大企業では最初の頃の上司が大事になってくる。

住友銀行に入って最初に配属された大正区支店で、私は二人の支店長に仕えたが、三年目を迎えたときに斉藤力さんという方が支店長として転勤してきた。旧制中学出身の斉藤さんはよく外へ出かけていくのだが、どこかに行くとなると「ついてこい」と言われて同行し、秘書のような仕事をずいぶんやらせてもらった。そのおかげで私が外回りで担当したような中小企業ではなく、支店の主要顧客に会うことができた。大きな企業とどういうふうに付き合うかを教えてやろうという親心からだったのだろう。

また、ライオンズクラブの仕事もさせてもらった。ライオンズクラブは地域で名士と言われるような人たちが入会する団体だ。そういう人たちとの接し方や、名士とはどういう人たちなのかを実地で学ばせてくれたのだと思う。

大正区支店での三年目は、ほとんどと言っていいほど支店長のあとをついて歩いた。そして、四年目に調査部へ異動となる。このとき、「一年前に君を調査部にという話が人事部からあった。しかし、今後、現場に出ることはないと思われたので、もう一年、大正区支店で現場を経験させた」と斉藤さんに言われた。新米の行員を一人前に育てるという配慮には感激したものだった。ちなみに、斉藤さんは大正区支店のあとに難波支店長になった。旧制中学出身の人が難波支店長になるというのは大変な栄転である。

## 上下関係を気にしない人

斉藤さんのあとは、巽外夫さんに出会った。後に頭取となる巽さんはあまり人のことを悪く言ったりせず、本当に紳士であり、非常に人格が円満な人だ。

最初に人となりに接したのは、私が大正区支店から調査部に異動したあとで、審査第二部長だった巽さんがしばしば調査部の私のところにやってきて、横に座る。と言っても、平社員の周囲には椅子も何もない。あるものといったらごみ箱だけだ。それを椅子代わりにして、「西川君、これはどういうことなんだ」「他に何かないのか」と、私が出した所見について聞く。普通は「こちらに来てくれ」と部長が平社員を呼びつけるものだが、上下関係を気にせず、ざっくばらんに若い行員と接するのは巽さんのすごいところだ。

それから、何か気がつくことがあると、アドバイスをしてくれる。勘のいい人で、「この会社はちょっと危ないだろう」という指摘はだいたい正しかった。

調査部には六年半いて、次に審査部へ移り、その巽さんが直接の上司となった。そして、一九七二（昭和四七）年の春、巽部長から「海外に行ったことないだろう。一度行ってこい」と言われた。当時はEC（ヨーロッパ共同体）が誕生していて、ヨーロッパがどう変わってきているのかを視察する団体旅行に参加させてもらった。

日本能率協会が企画したこの視察旅行は四月下旬から五月上旬にかけて、二週間の日程でヨーロッパをまわったが、私はついでにアメリカに足を延ばし、ニューヨーク、シカゴ、サンフランシスコを訪問したので、結局、三週間ほどの海外旅行になった。余談になるが、帰りはズルしてハワイのホノルルに寄った。ただし、当時はまだゴルフをしていなかったので、ゴルフが目的ではない。ハワイに行ったことがないので、どういうところか見てみたかったのだ。

ところで、海外に私を送り出してくれた巽さんは、その時点で自分が海外に行ったことはなかった。東洋工業（現・マツダ）の再建を担当し、アメリカのフォードと提携して出資を受ける交渉がデトロイトで行われた一九七九（昭和五四）年になって、初めて日本の外に出た。今と違い、プライベートで簡単に海外旅行ができる時代ではなかった。会社がお金を出して海外に行けたのは恩恵と言っていい。

## やることをやっていれば必ず人の目にとまる

上司と部下という関係ではなく、師弟関係の「師」として私が仰いできたのが七歳上の玉井英二さんである。住友銀行に入ってすぐに出会った。入行後の新人研修は七〇人あまりの大学卒業者が甲子園にある独身寮に泊まり込み、一ヵ月ぐらいの間、二クラスに分かれて受ける。一クラスに二人の社員が先生としてつく。玉井さんは私のクラスの先生だった。研修が終わった後も玉井さんとの師弟関係は長く続き、いろいろとバックアップを受けたし、私もずいぶん玉井さんの下働きをした。そういう「師」を会社の中に持っておくのは、社内で動くときに大きな支えになってくれる。実際、私が後に磯田さんに辞任を迫る部長会を行ったときも、背後から支え励ましてくれたのは玉井さんだったのだ。

いずれにしても、仕事をこなし、ポジションを高めていくときに、「いい上司」「いい先輩」は大きな影響を及ぼす。人との出会いは運の要素があるから、本人の努力だけでは如何ともしがたいけれども、だからと言ってあきらめることはない。会社の中でなかなか日が当たらなかったときがあっても、なすべきことをきちんとやっていれば、必ず人の目にとまるときがくる。

住友銀行の先輩で、神戸支店の次長だったときに支店長から認められるまで、ずいぶんひどい評価を受けた人がいた。それは鳴かず飛ばずと言っていいような状況だった。しかし、神戸支店長の目にとまった後は本俸が同期のトップレベルに引きあげられ、取締役の就任も同期の初発となった。そういうこともあるのだ。だから、悪い状況に置かれていてもあきらめてはいけない。必ず自分を評価してくれる人、相性のいい人とのつながりができると信じることだ。

これは作家の吉川英治が言った言葉と聞くが、「朝の来ない夜はない」のである。

# 第三章◎部下がついてくる人

## 1　自ら動く

### 率先垂範を忘れるな

しばしば見かけるのだけれども、自分では何もせず、口で言うだけの上司がいる。こういう人に限って、「失敗はすべて部下が悪い」という考え方を持っているものだ。自分が何もしないで、ただ結果だけ見て「駄目だ」とか「いい」とか言っているようでは上司として失格である。ましてや朝から晩まで椅子に座っていて、部下の動きを見ているだけというのは論外である。

人の上に立つ人はいかにして部下を指導、監督していくかが最も問われる。その際、率先垂範ということを忘れてはいけない。すべてを部下にやらせるのではなく、ときには自らが動き、問題を解決していくために努力する。状況によっては、部下と同じレベルに立って動かなければならないこともある。そういう思考を持つ上司でないと、本当の意味で部下はついてこない。

たとえば、なかなか契約にたどり着けないお客さまがいたとしよう。担当している部下が四苦八苦して埒が明かないようであれば、上司が一緒に訪問し、よく話をして、こちらを向いてもらうように努力すべきである。

「成績が悪いのは部下だけの責任ではなく、上司である自分の責任でもある。自分が適切に指導していないから部下の成績が上がらない」

こういう考え方に立てば、部下とともに難しいお客さまのところへ行って説得しようという発想が自然に出てくるはずだ。

丸ノ内支店長時代のことになるが、部下が取ってきた融資案件に対して、審査部が「この貸金は認可しない」と言ってきたり、新規の貸出先について、「可でもなし、不可でもなし」という煮え切らない意見をつけたりすることがたびたびあった。納得できない場合は、私が電話をかけて具体的に聞く。たいがいは筋が通った判断ではなく、「ああだ」「こうだ」と屁理屈をこねる。そういうときは「お前たちは知らないのだから、支店の言うことを聞かないと仕方がないじゃないか」と担当者を怒鳴りつけた。

別に審査部とけんかするつもりはない。彼らには厳しく言わないと話が通じないのである。特に「なんとなくやりたくない」という気持ちを持っているときは、屁理屈を持ち出して逃げようとする。典型的なのが新規の貸し出しだ。新規貸出先の社業を知らない審査部は判断しづらい。自信が持てないと「担保を取ればよろしい」という担保主義に走りがちだった。その結果、お客さまを逃すケースがずいぶんあった。

とにかく電話で審査部に厳しいことを言うものだから、部下たちには「頼りになる」と映ったらしい。当時は支店の業績表彰が行われていて、私が支店長だった一年の間に丸ノ内支店は新規開拓で表彰された。支店長に業績表彰を受けさせようとして、行員たちが支店を挙げて一生懸命やってくれたようである。

もちろん、率先垂範だからといって、何でもかんでも部下と一緒にやればいいというわけではない。上司には上司の役割があるし、部下には部下の役割がある。それぞれに役割があることをよくわきまえ、リーダーはリーダーとしての役割をしっかり果たしていく。その上で、必要に応じて自ら動くときは動くのである。

逆に、率先垂範を誤解して、部下がやるべき領域まで手を出す人がいる。部下のレベルで十分できる仕事でも「その契約をまとめるときは私が同行しよう」などと言われたら、部下は上司のスケジュールに合わせなければならなくなる。その日にできることが上司の都合で翌日になるようでは、仕事の邪魔以外のなにものでもない。

## 任せた上司には責任がある

任せる仕事はきちんと任せる。そのためには部下の力をよく見抜き、仕事を任せられるように育てる必要がある。といっても、完璧な人間はいないから、部下に足りないところがあれば、適宜、指導することを忘れてはいけない。

この「部下に任せる」ということで心しておきたいのは、「任せた上司に責任がある」ということである。自分が傷を負いたくないから、「君子危うきに近寄らず」ですべて部下に丸投げし、部下が失敗すると厳しく叱責するような人がいる。これでは話にならない。とりわけトップがそういう有り様では、よほど部下が優秀でないと会社が傾くし、非常時なら倒産する危険性が高い。トップは会社のすべてに関係する立場だ。自分が指揮する必要性を感じたときは、積極的に動かなければならない。少なくとも難題を人任せにして逃げてはいけない。

「難しい問題に直面したとき、厳しい状況下に置かれているときは、上に立つ者が火の粉をかぶってでもやらなければ、危機を打開できない」

これが私の信条である。一九九七（平成九）年、会長の巽外夫さんから頭取就任を求められたとき、「これはやるしかない」と思った。不良債権は私が担当役員としてつくったものではないから責任も何もない。しかし、「この時期にどうしても処理すべきものを処理してきれいにしなければならない。それをやらなければ住友銀行はどうにもならなくなる」という責任感に背中を押され、頭取を引き受けた。

組織の上に乗っかるだけで自分が動かずに済むのならそれでもいいのだけれども、私は「難しい問題はトップ自らが対処するしかない」と考える人間である。頭取として、さくら銀行との合併や不良債権処理では陣頭指揮を執った。「不良債権と寝た男」などと言われても不思議ではない八年間だった。二〇〇五（平成一七）年に私が三井住友銀行の頭取を退任するとき、「引責辞任ではないか」と書いたマスコミがあったが、前年に不良債権処理で赤字決算を出すなど、自分で問題処理を手がけてきたから、そういう見方が出たのだろう。

## 人任せではリーダーたりえない

トップが先頭に立つことは、動きが速くなるというメリットもある。それはトップが独断でやるという意味ではなく、「ああでもない、こうでもない」と議論を延々とすることが少なくなるからだ。トップ主導の経営スタイルにはいろいろな評価があるけれども、アメリカ、ヨーロッパあたりを見ていると、そちらのタイプの経営者が多い。三井住友銀行が資本増強をしたときに、インベストメント・バンカーのCEOが自ら出てきて、頭取の私と話をしたことがある。実際に会って話してみて、「彼は誠実だ。彼がやるから大丈夫だ」と判断したらOKというわけである。

提携や合併にしても、昔は下からずっと積み上げていった。それでも、最後はやはりトップ同士が話をしないと決まらないことは多かったし、懸案事項はトップ同士がやりとりしないとなかなか解決しなかった。今はスピード感をもって進める時代だから、なおさら昔のように悠長なことをやっていられない。事務的な問題は下に詰めさせなければいけないにしても、トップが積極的に動かないと一歩も二歩も後れを取ってしまうだろう。

かつて銀行の頭取は床の間を背負っている存在であり、一九九七年当時、銀行業界にトップ主導というスタイルの経営者はほとんどいなかった。しかし、今は時代が変わり、会社のトップ自ら交渉の矢面に立つという経営スタイルが増えている。人任せではリーダーたりえない時代に進んでいることは間違いない。将来のトップになり得る若いリーダーはぜひ自ら動くことを信条にしてほしい。

## 2　部下の得手不得手を見抜く

### 数字であらわせない価値も評価対象に

人事は組織においてきわめて重要なテーマだ。ポジションによって数人から何十人、何百人と、部下の数は異なるが、いずれにしても上に立つ者が人事を考える際、部下を総合的に見る必要がある。

まず、その人の性格を把握する。それから、得手不得手、つまり何が得意で、何が得意でないかということを押さえる。たとえば、営業という仕事にしても、新規開拓が得意な人もいれば、既存の顧客を相手にすることが得意な人もいる。新規開拓を得意とする人が必ずしも既存の顧客相手の営業を不得手とするわけではないが、得意とする仕事を与えたほうが本人のやる気や満足度、ひいては成果が違ってくる。

さらに、頭の良し悪しや仕事に対する熱心さ加減――つまり、サボりか、そうでないか――を判断する。こういったことを総合的に見て人事評価を行い、同時に適材適所の配置や指導、育成に役立てるのである。

総合的に見るというのは、いかに頭がいい人でも仕事への熱意に欠けるようではAをつけられない。一方、頭のほうは今一つだが熱意だけは旺盛な人にもやはりAはつけられない。ただ、人事の評価項目に含まれないことで評価できる点があれば、それも加えるほうがいい。総じて平均的な人でも、後輩の面倒見がいいとか、連絡や相談をきちんと行うので安心できるというのであれば、評価にプラスアルファする。つまり、数字であらわせない価値も評価対象にするということである。

直接役立つものではないが、参考までに住友銀行調査部の企業調査の評価法を記しておくと、業績、財務内容、経営効率などの項目に評点をつけ、それらの他に調査員が得た情報を加味して、所見欄にA、B、C（Cは上、中、下の三段階がある）、Dのいずれかを書き込むことになっていた。各項目を集計すると所見欄がC下になる企業でも、社長が仕事熱心で社員も一生懸命に働いているとわかったならばC中にすることがあった。もちろん、逆のケースもあって、調査項目の評価がよくても社員に元気が感じられないところはワンランク下げる。人事においても、そういう配慮があって然るべきだと思う。

## 部下を育てると同時に自分も成長を

部下の指導、育成で基本とすべきポイントは、「余計なことを考えず、仕事に集中できているか」である。どんなに能力が高くても、仕事に集中できないようでは持てる力を発揮することは不可能だ。「仕事に身が入っていない」「上の空で仕事をしているときが見受けられる」という部下は、まず「仕事に集中できない障害は何か」を探し出し、そこを指導してやらなければならない。仕事に集中できる状態を得たならば、欠けている点のマイナスを小さくする、あるいは得意分野をますます伸ばす、といった指導が可能になる。

もちろん、担当業務を遂行する能力に欠けている場合はそちらのほうが重大な問題だが、そういうケースはむしろ特殊と言うべきだ。指導、育成よりも他の業務に替えるのが適当である。

以上のことは、口では簡単に言えるわけだけれども、実践はそうたやすいことではない。したがって、上に立つ者はリーダーとして自分の力を発揮できるように、いろいろな分野の勉強をし、そして実行力をつけていくことが欠かせない。要するに、リーダー自身も成長していくということである。

たとえば、課長に就任したとき、「課長として頑張る」と誰しもが思う。だが、その時点で課長の職責を全うするすべての力を持っているわけではない。課長の立場で仕事をやりながら自らを磨き、高めることで、課長として一人前になる。これを言い換えれば、努力するからこそリーダーとなりえる。したがって、上に立つ者は部下を育て伸ばすのと同時に自分も学び成長することを忘れてはなるまい。これは当然の話ではあるが、現実にはそこを見落とす人が少なくないように思う。

## 3　叱るときは叱り、褒めるときは褒める

### 相手が納得するように叱る

叱るときは叱る。これは部下指導の鉄則である。上に立つ者は部下に何か問題があればわかるように話をしてきちんと注意し、ときには叱ることが重要である。そこを遠慮していると、とりあえず気まずくならないにしても、結局はうまくいかない。

私は「注意する」と「叱る」は違うと考えている。理想的な人がたくさんいるわけがない。人間はそれぞれに欠点もあれば長所もある。そこで、あまり欠点を表に出さないように上に立つ者は指導する。これを「注意」と考えればいい。注意に関しては多くの管理職が「なるほど」と納得し、実行するのはそれほど難しくあるまい。

一方、叱るのは難しい。そのため、叱ることを怖がり、叱るべきときに黙っていてうやむやにしてしまう上司がいる。それは「何のために部下を叱るか」がわかっていないからだ。

では、なぜ上司は部下を叱るのか。その理由は部下のためになるからだ。この点では注意と同じ次元である。しかし、注意よりも部下に与えるプレッシャーが強い。したがって、注意するとき以上に意識すべきは、「叱られる相手が納得しなければ意味がない」ということである。部下が叱られる理由をわからないまま叱っても意味がない。むやみやたらと叱っているだけでは駄目だし、とってつけたようなことを言っていたのではなおさら駄目である。

そう言われて、「理由を納得させなければならないとは面倒だ」と思う人がいるかもしれない。しかし、実際のところ、大抵の人はなぜ自分が叱られているかをわかっているはずであり、それを本人に意識させられるかどうかに尽きると私は考えている。その点で言えば、部下に対する包容力と信頼関係が大事である。

たとえば、目標に達しなかった部下がいたとしよう。まずは本当にその人が努力したかどうかをしっかり把握する。これが最初の段階で重要である。努力したのに目標を達成できなかったとすれば、どこに問題があったかを含めてディスカッションする。これは叱るというよりも、注意を含んだ指導と言っていいかもしれない。

努力が中途半端だった場合はその点をきちんと指摘する。しかし、「お前の努力が足りない」というだけでは不十分だ。叱ることが次の仕事につながらなければ、叱った甲斐がない。そうならないためには何らかのアドバイスをすることがポイントとなる。「そこはこうしたらどうだ」「ああしたらどうだ」ということで救ってあげるのである。そうでないと、部下は叱られたことを納得して活かすことができない。

## 公平に叱る

叱ることで大事なのは、「公平に叱る」ことである。いつも特定の人間だけを叱っていては、「なぜ、私ばかりが……」と思われてしまい、納得性を欠く。この点については、プロ野球の読売ジャイアンツで九連覇を成し遂げた川上哲治元監督が、選手を叱るときにそれぞれの性格を考えて、あまりうじうじしない長嶋茂雄さんはみんなの前で叱ったというエピソードを聞いたことがある。長嶋さんを叱ることが他の選手にも影響するという計算があってのことだろう。

しかし、叱られていない部下が叱られている同僚を見て、「あの人はこういうことで叱られている。だから、自分はそこを直していこう」と反省するのは好ましいものの、上に立つ人は一般的にはそこまで考えるべきではない。一人の部下を叱ることで他の部下の指導も含めようなどと考えると、かえって話がややこしくなってしまうし、焦点がぼける。川上元監督の例は特別だと考えなければならないと思う。

それから、例外があることも考慮したほうがいい。つまり、叱らなくてもいいケースがあるということだ。人間誰しも欠点もあれば失敗することもある。欠点も失敗も一〇〇パーセントなくすことはできない。本人が反省し、対策を考えているようなら、いちいち注意したり、叱ったりしないほうがいい場合がある。

「叱らなくてもいいケース」に関して、私の経験を紹介しておく。私もずいぶん失敗してきたが、冷や汗ものと言うべきは「バイク事故」だ。

住友銀行に入って最初に配属された大阪の大正区支店で外回りをしていたときのことである。二年目の夏に運転免許をとり、お客さんを訪問する際に自転車でなくバイクやスクーターを使うようになった。通常はスクーターに乗っていたが、ある日、新しいバイクが駐車場にあった。それまで使っていたスクーターは古いものだったたから、その新しいバイクに乗って顧客の材木店に向かった。いつもは店の前でスクーターを止め、いったん降りてスクーターを押しながら歩道に上がるのだが、その日はバイクに乗ったまま歩道に上がろうとした。ところが、アクセルを吹かしすぎてバイクが加速し、会社の前に停めるつもりが材木店のドアを突き破って土間にまで飛び込んだ。土間の先に格子戸の障子があり、そこにあたってやっとバイクが止まった。

材木店の社長や従業員が驚いて集まってきて「西川さん、どうしたの」と声をかけられた。たぶん私は蒼い顔をしていただろう。事情を説明してから「申し訳ありません」と頭を下げると、店の人たちから「けががなくてよかったね」と慰められる始末である。とはいえ、玄関扉を壊したのだからすぐに支店に電話した。すると、総務係長が飛んできてあとの処置をしてくれた。

今、振り返れば、材木店の方々にけががなくて本当によかったと思う。現在の社会でこんなことをやったら、始末書で済むかどうかというレベルの失敗だ。時代がよかったといえばそうだが、まったくもって赤面するしかない。だが、そのことに対して当時の支店長からとやかく責められることはなかった。それどころか「けがはなかったか」と心配してもらった。ドアを突き破った弁償をしなければならなかったが。

私が感じたことだから一般性があるかどうかはわからない。しかし、あのときの上司の対応に「ありがたい」という気持ちになったし、「二度とこんなことはやらない」と自分を戒めた。また、「この失態を取り返そう」とやる気を燃やした。

逆に、きつく叱られたら「二度とこんなことはやらない」と自分を戒めるとしても、気持ちが萎縮したのではないかとも思う。そうなったら以後の仕事にマイナスの影響を及ぼすことになりかねない。本人がわかっているなら、場合によってはそれ以上追及しないのも一つの知恵だろう。

## 褒めるときはきちんと褒める

その意味で、人の見方は厳しいばかりではいけない。少しは持ち上げて、いいところを見ることも大切だ。つまり、褒めるときはきちんと褒めるのである。

これも大正区支店で外回りをしていたときのことだ。一二月がボーナス月なので預金獲得目標が大きくなるが、入行して二年目の一二月に初めて私は目標を達成した。

そのとき、次長が「今月は西川君も目標を達成しました」と支店長に報告しているのが聞こえてきた。その声は耳の底にいまでも残っている。それまで目標を達成したことがないのだからうれしいに決まっているが、その喜びが倍加する思いがした。当然、「次もやるぞ」という気持ちになった。

褒めすぎると増長したり、慢心したりする。これはいかがかと思うが、褒めることは部下のやる気を引き出すし、部下が自信を培うことにもつながるのは確かである。

一方、叱りすぎるのもいかがかと思う。繰り返しになるけれども、叱るときに大事なのは「相手になぜ叱られているかをよく理解させること」だ。そして、少なくとも今後は同じ過ちを繰り返さないように持っていく。これがなしえなければ、叱る意味はないと言っていい。

叱るべきことはきちんと叱る。褒めることはきちんと褒める。そのめりはりをつけることが大事である。当たり前といえば当たり前なのだが、本当にそれをやれるかどうかが、上に立つ者は問われる。

## 4　部下の失敗をくどくど追及しない

### 感情的にならない

　私はあまり言葉に出さないほうなので部下が顔つきで察したようだったが、部下の失敗があまりにひどいとき、厳しい言葉で叱ることもある。上司も人間だから、いくらかなりとも感情的になるのは仕方がない。それでも感情的にならないよう努めることが大切だ。現実にはそうそう理想的にいくものではないことは承知の上で言うのだが、上に立つ者は感情的になるのを我慢し、極力抑えていかなければいけない。

　なぜかというと、第一に、人間は冷静でなければ話が通じないからである。こちらが感情的になると相手も感情的になり、そこに拒絶反応が出てくる。感情的な拒絶は理性や理屈では制御できない。いくら相手のためを思って叱っても、それが受け入れられることはなく、反発か無視が生じるだけだ。

　人間は一人ひとりにいろいろな感情があり、それが人間と人間の間を行き来する。

そこのところを上に立つ者はよく理解して、あまり感情的にならないように持っていくことが大事である。

自分が失敗したことをたいがいの人は自覚している。営業担当者なら「今月、目標に達しなかった」ということを本人が一番よくわかっているものだ。同時に「自分が至らなかった」「自分が努力不足だった」「もう少しよく考えればよかった」といった原因も、大なり小なり、それぞれに考えている。そこのところばかりつつくと傷口に塩を塗るようなもので、本人のモチベーションを下げてしまう恐れが大きい。

失敗したら失敗したで、「どうすれば同じような失敗を回避できるか」を上司は部下に対してアドバイスする。そういうアドバイスは非常に効果的である。失敗をうるさく追及するよりも、「そこはこうしたらどうだ」「ああしたらどうだ」とプラスに転じるよう導くことは部下指導において重要である。

要するに、本人がわかっていることをあまりくどくど言わず、上司は部下に対して「こうすればどうだ」と前向きの解決策を示すということである。そのことで「この上司は自分のことをよく見てくれている」と部下が感じれば、救われた気持ちになり、モチベーションを高める効果も期待できる。だから、ちょっと失敗したぐらいで厳しく追及をしたり、それをすぐさま人事に影響させたりするなど愚の骨頂である。そういう上司が「部下がついてこない」と嘆いたら、自業自得と言うしかない。

## 本人が失敗の原因をわかっていればいい

これも二〇代の私が大正区支店で外回りをしていたときのことだが、担当するエリアに新しい会社の看板を見つけたので飛び込み訪問した。「貴社はどういう仕事をする会社ですか」などと聞いていると、「当社はできたばかりなので、払い込まれた資本金がそのまま残っている。これを預金しましょう」と先方が言ってくれた。三〇〇万円か五〇〇万円か、金額は忘れたが、駆け出しの私にとっては大きな金額であり、非常にありがたい話である。ていねいにお礼を述べ、現金を受け取って支店に戻った。

上司に経緯を報告すると、「そうか。それはよかったな」とねぎらわれた。そこまではよかったのだが、数日後にその会社の社長が支店にやってきて、「これだけの預金をしたから、その三倍のお金を貸してほしい」と求めたのである。

法人と新規取引を始めるにあたって、その信用度まで考えが至らなかった。その辺は私が未熟であり、軽率だった。すぐさまその会社を調べたところ、大阪市内の別の場所で事業を営んでいたが、不渡りを出して潰れたので、大正区に移り、再び事業を始めたことがわかった。そこで、融資には応じず、預金はただちに解約ということになった。「預金した金額の三倍を貸してほしいという話は、はっきり断りなさい」と言われた私は、一人で断りに行った。

相手は「えらい無理なことを言いましたね」と納得する態度を示したが、銀行からお金を借りて即座に会社を倒産させたら、預けた金の二倍を手に入れることができる。預金するときには何も言わず、後日、支店を訪ねて融資を要求するというやり方からして、詐欺の可能性もあると考えるべきものだった。

銀行に入ったばかりの若手行員が何もわからずに一生懸命やっていると、危ない話に引っかかる恐れがあると私は肝を冷やしたが、そのときの上司は「断ってきなさい」と言っただけで、叱ったりはしなかった。「駆け出しの若造だし、本人は十分反省しているから、あまり細かいことを言って気落ちさせてはいけない」と考えてくれたのだろう。また、取引先係で末席の一員にすぎないのだから、「他のベテランと同じようにやりなさい」ということではなく、「いろいろなケースがあるから、一つひとつ勉強して、身につけていきなさい」という考えで指導してくれたのだとも思う。その辺は会社のありがたいところである。

なお、この一件に関しては、人事部からも何も言われなかった。支店の人事調書は支店長が書く。当時の支店長がどういうことを書いたかはわからない。人事に影響しなかったところを見ると、もみ消すといったら語弊があるが、私の失敗を見逃してくれたのかもしれない。「まだ見習いだから」というぐらいの考えだったのだろう。

失敗は誰にでもある。そして、本人が失敗の原因をわかっていればそれでいいのである。本当にわかっていれば、次に似たようなことが起きても同じ轍を踏むことはなく、前向きに解決していく。「失敗のない人などいない」という当たり前の真実を肝に銘じ、傷口に塩を塗るようなことをせずに、失敗は失敗として認めさせながら立ち直らせる。これが上に立つ者の責務である。

## 5　部下に苦しさを経験させる

部下の教育と指導は上司の大事な仕事だが、調査部のときの体験から例を挙げよう。

### 間違いを理解させる

調査部にはいくつかのグループがあり、係長というような肩書がついていなくても先輩が新しく配属されてきた人と一緒に仕事をしながら指導するシステムだった。最初は「こういうことがポイントだ」と教えたり、「この会社の誰それに聞けばよくわかる」とアドバイスしたりする。

また、新人がいろいろと調べて文章にまとめてきたレポートで、調べ方が不十分だったり、理解が大ざっぱで甘かったりするケースも当然ながらある。そういうところをなくさせるために先輩がいろいろと指導するが、ときには新人や経験年数の少ない人を調査対象の会社に連れていき、私が聞いたことをメモに取らせた。そして、銀行に戻ってから「君が書いたレポートと、今日、聞いた話との間にどれだけの違いがあるか」と尋ねた。そうすることで、「ここが間違っていた」と理解させるのである。

その他にメモの取り方も大事な教育項目だった。それは要点を簡潔に書く訓練になるからだ。ダラダラと長い文章は支離滅裂でよくわからないものが多いし、読むときに時間がかかる。読む人の立場に立ち、一見してわかるようにポイントだけを簡潔に書く。そのトレーニングとしてメモ取りがあった。簡潔に文章を書けるようになれば、融資の権限を持つ審査部でも、支店の貸付係でも、いろいろな職場でその力が応用できる。

「ポイントのつかみ方と、その表現の仕方がきちんとできれば一人前」

これが調査部員にとって一つの目標だったと私は思っている。

## 言葉は八分にとどめよ

ただし、直接いろいろと指導するのは最初のうちだけだ。住友銀行の創設者のひとりである伊庭貞剛《いばていごう》は「言葉は八分にとどめ、二分は考えさせるのがいい」と語ったそうだが、一定期間が過ぎれば、上司や先輩の指導を離れ、自分で考えてやらなければならない。

私自身は、いつまでも「こうしろ」「ああしろ」と具体的な指示を出し、手取り足取り教えるべきではないと考えている。上司が助け船を出して正しい方向に導くことは、見方を変えると部下が何もしていないということでもある。そんなことをいつまでもやっていたら、部下が成長するはずがない。また、しょっちゅう上司が助けることで、「何か問題が起こったら教えてもらえばいい」と考える性向を部下が身につけてしまうのは、何よりも本人のためにならない。

たとえば、部下がいい加減な報告書をまとめてきたとしよう。それを黙って見過ごすのは論外だが、「ここはこうしなさい」と一つひとつていねいに指導するのではなく、「やり直しだ」と言って突き返す。かわいそうだと思っても、脂汗を流しながら自分で考えさせる。そういう経験を繰り返す中で人間は大きく成長する。苦しさを回避させていたら、人を育てることができないのである。これを言い換えるならば、「仕事上の苦しみを自分で打開するところに価値が生じる」となるだろうか。

## ここで甘やかしたら駄目になると思え

部下に厳しく接することが難しいと感じる人もいるだろう。特に若いリーダーがこの手の厳しさを身につけるのは易しいことではあるまい。私の経験を振り返れば、「自分が部下の立場だったら」と考え、「ここで甘やかされたら、自分は駄目になる」という思いから厳しい指導をした覚えがある。

程度問題ではあるけれども、苦しむときは苦しまなければ駄目である。少なくとも、上司はあまり早い段階から部下に助け船を出すべきではない。これはどこの世界でも同じだろう。技術開発にしても、難題を前にして部下が苦しみながら自分で考えなければ能力は向上しないはずである。

また、厳しい言い方になるが、そういう指導についてくる人でないと信頼できないし、ついてこられないようでは成果を挙げる人間になることを期待できないと私は思う。

取り組む課題が大きければ大きいほど、より多様な困難が発生してくる。そうした困難を前にして、部下が弱音を吐くことがある。当然だが、それを放置するわけにはいかない。やはり「しっかりやれ」と部下を激励しなければならないし、場合によっては少し厳しい激励が必要になるかもしれない。厳しすぎてモチベーションを下げたら元も子もないが、部下が自分に甘えないように指導することが重要だと私は思っている。苦しみながら自分で打開策を生み出す経験を重ねることで、人間はさまざまな能力を高め、大きな課題に挑戦する強さを獲得できるからだ。

これは人にもよるけれども、「仕事で苦しむことは成長の糧となる」というのが私の基本的な信条である。

## 6　序列で考えては駄目

**誰が言ったかではなく、何を言ったか**

組織のサイズが大きくなればなるほど、序列を整え、命令系統や責任の所在を明確にする必要性が出てくる。個人商店であれば、親父さんが全権を握って店員にいちいち指示することも可能だが、一万人の社員を擁する会社で社長が同じことをしようとしてもできないことは自明である。一定規模の組織であれば、取締役、部長、課長、係長、主任といったポジションを設けて権限を移譲し、それぞれの責任で仕事を進めてもらわなければならない。

そこで問題となるのは、組織の序列によって経営が硬直してしまうことだ。いわゆる官僚化の弊害である。組織というものは大なり小なり官僚化することは避けられないかもしれないが、過度に官僚化した組織は衰退する。少なくとも、民間企業はその運命を避けられないと私は思う。

組織に害をもたらす官僚化の一つは、意思決定において「何を言ったかではなく、誰が言ったか」を基準とすることだ。たとえば、部の会議で部長、次長、課長、係長、役職に就いていない社員の順で発言したとしよう。その中で係長の意見が最も適当だと部長が判断したら、課長が反対しても部長は係長の意見を採用すべきである。次長が迷っていて、課長がしっかりとした意見を言ったのであれば、部長は課長の言うことを認める。その反対に、意見の中身ではなく、組織の序列にしたがって上から順番に評価してはならない。

組織内の二番手、三番手、四番手であろうが、間違いないとトップが認めたならば「それをやろう」と決断する。これは人の上に立つ者に求められる勇気であり、組織の発展に不可欠な要素である。

また、役職の序列の他に年齢を判断基準にする場合もある。現実に上司が若い部下に向かって、「君ごときの分際で何を言うんだ」となるケースがないわけではない。しかし、そうやって部下の発言を抑え込もうとする上司は、もっと人をよく見るべきである。若い人は若い人なりにいろいろなことを考えている。雑談の中でもどんな考え方を持っているかはわかる。「彼は若いけれど、いい考え方をする」という人を普段から見抜いておいて、その部下が出した意見が適切だと判断するならば、それを認めることが大事である。

年齢以上に問題なのは、入社年次や出身大学を念頭に置いて考えることだ。こういう人が組織の中に一定数いることは仕方がないとしても、それが主流となったら、その組織は弱体化を免れず、結果を出せなくなる。

## もっともだと思ったら登用する

序列にとらわれる弊害は、特に軍隊を見ればよくわかると思う。序列で作戦を決める軍隊が戦争に勝てるだろうか。作戦をしっかり立てる人が参謀となり、作戦を適切に実行できる人が指揮官に選ばれなければ勝てるわけがない。

実際、序列にこだわると、とんでもない人間が企業のトップになることがある。平時ならそれでも何とかなるだろうが、守らなくてはいけない状況で攻めるタイプの人がトップになったら自爆してしまう危険性が高いし、攻めたほうがいいときに守るタイプの人がトップになったら絶好のチャンスを逃すおそれが高い。だが、大企業で年功序列を覆す人事はほとんどないと言っていい。かつて松下電器が取締役中で下位にあった山下俊彦さんを社長に抜擢するという異例の人事を行ったことがある。これは松下幸之助さんという創業者が認め、バックアップしたからこそ成り立ったと思う。普通はそんなことをすれば社内が収まらないだろう。

一方、中堅以下の企業、特に同族会社になると、ときどき序列を覆すトップ人事が行われる。株式会社であっても実態が個人経営に等しいところは、経営者である親が息子に社長のポストを継がせたがる。跡継ぎの息子が優秀であればいいが、問題は二代目が凡庸である場合だ。創業者の親が苦労して会社を立派にすると収入が多くなるから、子どもを甘やかしがちである。また、継いだ会社の業績がよければ資金繰りもスムーズにつくので、苦労していない二代目が余計な設備投資をやったり、成算の立たない新規事業に手を出したりする。あるいは、順調な現状に甘んじて新しい取引先の開拓がおろそかになり、次第に業績が下降線を描くという例もある。

会社を息子に譲るとしても、長男、次男、三男という兄弟の序列にこだわらず、

「誰が適任か」という基準で選ばなければならない。もし、長男を二代目にして駄目だったらすぐに辞めさせて、しっかりしていると思われる弟を三代目に引き上げる。

こういうことを思い切ってやる必要がある。

ちなみに、息子を社長にして経営が行き詰まったとき、創業者が社長に復帰した会社もある。これは逆序列と言えるだろう。自分が社長をしながら三代目を育てようというわけだが、三代目が育つまでに時間がかかる場合は外部から人を入れるのが最も適切な対応である。同族会社はなかなかそこを思い切れないのだが、こういう決断ができないとうまくいかないように思う。

実は、外部から人を入れることは企業内の序列を崩す上で、一つの手段である。住友銀行がリテール（個人向け）部門を強化するとき、シティバンク出身者を招いて責任者にした。大企業でもそういうやり方で序列を崩すことができるが、これはいわば「劇薬」なので、日常的に使う手ではない。基本的には先ほど述べたように、「考えていること」「言っていること」が「もっともか、どうか」で判断することこそ肝心要と心得るべきである。

そして、「もっともだ」と思ったならば、その人間を「登用」する。登用と言っても役職を引きあげたり、給料を上げたりするということではない。キラリと光るものを認め、その意見を組織の意見として採用すればいい。意見を認め、尊重することで、その人はより一層成長するというメリットもある。

## 部下に欠けているところは上司がフォロー

「役職や報酬でなく、能力を活かす」という抜擢の仕方で参考になるのは、日露戦争時に日本海軍が秋山真之という英才を使いこなしたことだ。早い時期から作戦立案能力を認められていた秋山は、日露戦争で連合艦隊の参謀に加えられた。だが、責任者のポストを与えられたわけではないし、階級が上がったわけでも俸給が上がったわけでもない。参謀長だった上司はのちに「作戦はすべて秋山君が立てた」と言ったそうだが、作戦の立案を任された。能力のある人材を適所に配置して、力を発揮させる。若いが故に欠けている部分は上に立つ者がフォローする。こういう組織が結果を出すのだと思う。

もっとも、組織における人の扱いはデリケートな問題である。自分より若い者や下位の者が重用されると、大抵の人は悔しいと思うし、嫉妬する場合もあるだろう。その点では、「誰が言ったかではなく、何を言ったか」という基準を、トップが組織に浸透させておくことが大事になる。

トップが「この組織の目的は何か」をしっかり頭の中に入れていれば、年の若い人間が言おうと、あるいは副社長が言おうと、正しいかどうかを見抜くことができる。あとは、トップの心持ち——言い換えれば「勇気」——の問題である。若い人がいいことを言っていても、ナンバー2に遠慮して取り上げない、あるいはナンバー2に「君が担当してくれ」と言って任せてしまうようでは組織の衰退は免れない。

これもまた「言うは易し」の典型ではあるけれども、組織のためには「序列にこだわらない風土」が大事である。弾力性を失った組織は保たない。

# 第四章◎仕事ができる人

## 1　頭がよくて行動が伴う

### 行動しないようでは失格

「仕事ができる」と言われるのはどういう人か。

このような質問を受けると、私は「頭がよくて誠実な人」と答えてきた。ただし、そこに行動が伴わなければならない。いくら頭がよくて誠実でも、行動しないようではビジネスパーソンとして失格である。

直接の部下ではなかったが、二〇〇六（平成一八）年に五五歳で亡くなった宿澤広朗《しゅくざわひろあき》さんは仕事のできる男だった。彼は一九七三（昭和四八）年に住友銀行へ入行した。早稲田大学ではラグビー部に所属し、ラグビーの日本代表に選ばれた一流のラガーマンである。「大学時代はラグビーに明け暮れた」と語った磯田一郎さんが採用し、住友銀行に入ってからラグビーの日本代表監督も務めている。

宿澤さんが市場営業第二部の責任者だったときに、業務純益の半分くらいを稼いだことがあった。銀行で言うところの業務純益とは、一般企業の営業利益にあたる。その半分を稼ぎ出すとなれば、大黒柱と言っても過言ではない。

市場営業本部が担当するのは債券などの投資業務と外国為替などのディーリングだ。投資とは安いときに買って長期保有し、高くなったときに売る。ディーリングは売買を繰り返して収益をあげる。そのどちらにおいても、宿澤さんは指揮者としての勘が鋭かった。ラグビーのポジションはスクラムハーフだったから、試合全体を見通しながらゲームを組み立てる頭脳と瞬時の判断に対応する頭脳、その両方が鍛えられたのかもしれない。同時に、彼は部下指導と育成がうまく、鍛えられた優秀な部下たちがよく働いたことも大きかったと思う。

宿澤さんはいろいろな能力もさることながら、人柄がよく、部下や同僚に対して誠実でやさしい人だった。仲間を自分のほうに包み込んでいくということを自然にできた。ときには息抜きで食事をおごり、打ち解けた場で質問に答えたり、自分の考えを話したりといったコミュニケーションをしっかりと取っていた。だから、部下が喜んでついていったのだと思う。

「君は銀行を背負って立つ男だから、身体に気をつけて」と、かつて私は宿澤さんに言ったことがあるし、外部のジャーナリストから「行員はみんな、宿澤さんに自分のセクションの上司として来てほしいと思っている」と聞かされたこともあった。リーダーとして大いに期待されていたが、残念なことに登山中に急逝してしまった。本当に惜しいことをした。生きていれば、たぶん頭取になっただろう。

## 仕事ができるだけでは十分条件を満たさない

これまでに接した経営者の中で名前を挙げるならば、太陽工業の能村龍太郎《のうむらりょうたろう》さんという方は頭がよくて行動力がある人だった。まだ私が住友銀行に入行して大阪の大正区支店に配属された駆け出しの頃、担当する地区に太陽テントという太陽工業の関連会社があり、能村さんには何度かお目にかかった。太陽テントのほうは催し物などがあると注文を受けてテントを張る会社だが、太陽工業はテントを作っていた。テント製造では全国的に有名な会社である。能村さんは本当のアイデアマンで、粉体を入れる袋を開発するなど、新製品開発を得意とした。そればかりかテント製造の技術を進化・発展させていった。東京ドームの屋根を作ったのは太陽工業である。会社の経営以外に、しっかりとした文章の著書を世に出すなど、実にユニークな経営者だった。

「仕事ができる」と言えば、伊藤萬（のちのイトマン。以降、イトマンと記す）の社長を務めた河村良彦氏もそうだった。昔は今のように誰でもかれでも大学に行ける時代ではないので、住友銀行にも旧制中学出身の人や旧制高校出身の人が少なからずいたが、大学卒ではない行員の中で大出世したのは、私の記憶だと二人だけだ。そのうちの一人が河村氏である。

住友銀行で常務まで昇進したあと、社長含みでイトマンに移り、社長に就任する。そして、経営危機に陥っていたイトマンを建て直した。社内の改革を手がけてさまざまな問題を整理するとともに、住友銀行に依存していた資金調達の窓口を地方銀行等まで広げたし、借入金全体の額も減らした。

それはよかった。しかし、磯田一郎さんにかわいがられ、磯田さんから言われればどんなことでもやるようなところがあった。だから、首都圏での店舗数増加に執心した磯田さんに応えるべく、旧東京川崎財閥系の資産管理会社「川崎定徳」に、首都圏に多くの店舗を持っていた平和相互銀行の株式を購入させ、これを住友銀行に持っていくという離れ業をやってのけた。平和相互銀行の合併は、この大胆な行動力がなければできなかったのは確かだ。

だが、その独特の仕事の仕方や発想は河村氏が落とし穴にはまる原因でもあった。不動産バブルの崩壊でイトマンが経営危機に陥ったこと自体は、不動産事業を手がけた企業であれば大なり小なり避けられなかったと言える。しかし、闇の紳士たちとの付き合いが明るみに出て「イトマン事件」と呼ばれる騒動が世間を騒がせたこと（これは住友銀行の信用にも及んだ）は、河村氏のどこかに不祥事を招き寄せるようなものがあったからだろう。

仕事ができることとは大切だ。しかし、それだけではビジネスパーソンとしての十分条件を満たさないのである。

## 2　常に現場を見る

### 机上でわからないことが現場にある

住友銀行の調査部に在籍したのは一九六四（昭和三九）年から一九七〇（昭和四五）年までの六年半である。調査部の仕事をすることで、いろいろな会社をじかに見ることができたし、いろいろな経営者や自行の支店長と接して人や会社というものを学ぶ機会を得た。何よりも自分の頭で考えることができた。これらがバンカーとしての私を支え、その後の仕事を成功させる財産になったと思う。

この時代の私を異色の調査マンという人がいる。おかしいところが見つかったとき、調査対象だった会社の倉庫を夜中に調べに行ったことを、その理由として挙げた。確かに、倉庫を開けて在庫が本当にあるかどうかを確認したことはある。もちろんスパイのように忍び込んだわけではなく、その会社の人に入れてもらったのだ。

私は現場というものに興味があった。だから、遠いところでもいとわずに現場に足を運んだ。なぜ現場が大事かと言うと、机上だけではわからないことが数多く存在するからだ。決算書の数字にしても、現場を見るとその本当の意味がわかってくる。

また、その会社の事業がどういうものかは現場を見て初めて実感できる。商社は商社の現場があり、問屋は問屋の現場があるが、私が調査部に籍を置いた時期の大阪は繊維関係の業者が多かった。伊藤忠商事にしても丸紅にしてもニチメン（現・双日）にしても、今は総合商社として鉄鋼や機械のウェートが高い。しかし、一九六〇年代は主に繊維を扱う商社だった。京都も繊維関係が多かったが、大阪とは少し異質で、高級品を扱う業種が主流である。特に高級和服は京都しかなかった。

## 粉飾決算を察知するには

今では考えられないことだけれども、当時は粉飾決算がけっこう行われていて、特に繊維関係の会社には多かった。その繊維関係の会社の調査で鍛えられ、私は粉飾決算を見破る名人のようになった。

粉飾決算を察知するには、バランスシートだけでなく、損益計算書もしっかり見なければならない。勘定項目で経費、人件費が異常に多くなったところは粉飾決算の可能性が高い。こういう疑わしい会社が見つかったら訪問し、帳簿を原簿からチェックしたり、経理担当者に話を聞いたりする。

それから、資産をごまかすのに在庫が使われるケースがよくあった。前述した夜中に倉庫を見に行った理由は、帳簿に計上された在庫が本当にあるかどうかを確認するためだった。在庫がなければ粉飾決算である。在庫の操作は売り上げをごまかすためにも使われる。売ったはずの商品が会社の倉庫に残っていたら――つまり、在庫を置いたまま伝票上で売りを立てたら――これも粉飾決算である。

かなりの大手企業でも粉飾決算があった。一例を挙げると、銀行から見て資金繰りが非常に厳しい状態に陥った大手家電メーカーの調査を私が担当したときのことである。会社の規模が大きいだけに、各部門を一つひとつしらみつぶしにあたったら時間がかかりすぎる。そこで、面識のある経理部に協力を求めた。先方も資金繰りが厳しい状態であることをわかっているから、私の申し出を受け入れてくれた。

「だいたいこういうことだな」と見当がついたのは、調査を始めてから一〇日ほど経ってからだった。調査の対象は本社だけで、直系の販売会社や関連会社までは手が届いていなかったが、事情が逼迫していたので調査報告をまとめた。

最大の問題は製品が売れていないのにフル生産していたことである。できあがった製品は直系の販売会社に押し込み、売り上げを立てる。しかし、実際は本社の倉庫に在庫が積まれていた。つまり、製品を所有する会社の名義を変えただけであり、翌月に売り上げを取り消すので赤字になる。そこでまた売り上げを立てる……ということを繰り返していたのである。

その後、経営幹部から特別に集めた資料の提供を受け、全貌がわかった。私は対応策を考えて先方に提案した。その中で工場の閉鎖・売却は却下されたが、経営陣は過剰生産をストップし、減産に踏み切った。そのマイナスの影響は翌年度まで続いたものの、当面の危機を乗り切ることができた。

### 現場に張り付くと畑違いのこともわかってくる

面白いもので、現場に張り付いていると畑違いのバンカーでも専門的なことが多少わかるようになる。私の場合、電炉の製造現場に関して「いかにすれば効率的に製造してコストを下げられるか」を勉強し、製造過程を改良するコンサルティングのようなことをやった経験がある。

古い電炉のタイプに、鉄のスクラップを溶かして銑鉄をとる「出銑」という方法を採るものがあった。出銑を一つの電炉で日に何回できるかが製造効率に影響する。当然ながら、回数が増えればコストは下がる。赤々と燃えている電炉の前でそんな説明を聞いた。そのあと、他の電炉メーカーにも行って話を聞き、前段階から手順よく炉を動かすと効率がよくなることがわかった。そこで、ストップウォッチを手にして一つひとつの作業時間を計り、それを短縮させることで、この会社は効率を高めることができた。

考えてみると、銀行は電炉や紙パルプといったメーカーから不動産、商社まで、広い分野であらゆる業種と仕事で接する。一般の企業では、同業他社を見ることはあっても、異業種との接触は限られる。それだけに、やりようによっては銀行が「知恵の泉」となることができるのではないか。

ただ、私が調査部にいた頃とは違い、こんなふうに現場を見る時代ではなくなってきたようだ。すでに昭和五〇年代になってから調査部の仕事はずいぶん甘くなっていたが、今など紙媒体で出される情報の他にインターネットで探せばけっこうな量の情報が手に入る。そういうものを寄せ集め、チョロチョロッとヒアリングしたものを少しばかり加えて書かれたようなレポートが目につく。銀行の調査能力が弱体化していることは事実だろう。

そんな老人の繰り言はさておき、私の現場好きは調査部以後も続いた。二〇一〇（平成二二）年五月にレンゴーという段ボールメーカーの福島矢吹工場が太陽光発電を稼働させたが、私は開所式に参加して現場を見てきた。太陽光発電だけで動かす大規模な工場はここが初めてらしい。従来にない事業は、それを知るだけでも胸が躍る。「人とモノが動く現場」に対する好奇心は、ビジネスに携わる者にとって一つの「能力」と言っても過言ではあるまい。仕事の精度を高めるためにも、現場に足を運ぶ必要がある。

## 3　駄目なものをすべて切った上でもう一度拡大する

### 非情でも共倒れしてはいけない

住友銀行の頭取・会長を務めた巽外夫さんから「君は本当に銀行を救ったな」と言われたことがある。何をもって銀行を救ったのかというと、不良債権処理である。バブル崩壊後の経営危機もさることながら、巽さんが言ったのは私が二〇代後半から三〇代にかけて調査部と審査部に籍を置いた時期の仕事のことだった。

一九六四（昭和三九）年に調査部へ異動してからすぐに、私は不良債権を切り始めた。これは本来、部長クラスや支店長クラスの仕事だから、一介の行員が直接やったわけではない。当時、審査第二部長だった巽さんが私のような若造の席にやって来て案件を示し、「西川君、これはどこかおかしい。どうだろうな」と聞く。私が調べて「これは確かに粉飾決算ですね。相当大きいですよ」と答えると、すぐさま貸金回収が始められた。そういうことがしばしばあった。

貸出先の企業にとっては非情に感じられただろう。しかし、不良債権を放っておいたら銀行が共倒れになる。何千人もの銀行員を路頭に迷わせるわけにはいかない。バブル期にずいぶん増えたけれども、一九六〇年代、七〇年代の銀行は自己資本が少なかった。それだけに悠長なことは言っていられなかったのである。

粉飾決算を見分けるのは私の得意とするところだったが、特に繊維関係の粉飾決算はすぐにわかった。一九六〇年代後半になると、繊維関係で問題のある会社が続々と出現した。当時は日本の工業製品が繊維を主力とした軽工業の時代から鉄鋼や機械などの重工業の時代に移行する過渡期であり、繊維産業そのものが斜陽化していた。だから、繊維関係の企業が経営状態を悪化させていても無理はなかったのである。

繊維関係の取引先は大阪が多かったが、東京も馬喰町などにけっこうあり、東京に出張して指導した。当時の住友銀行は大阪が主だから、東京には少し部隊を置いただけで、大して人数がいない。東京はそういう点でのんびりしたものだった。それだけにかなり粉飾決算が潜んでいて、それを見つけては不良債権を切った。一九七二（昭和四七）年に東京審査第一部へ異動となり、私は東京に転勤した。部長は巽さんだが、東京と大阪を往き来しているので、実質的には私が部のトップだった。

不良債権を切ると、少し面倒な問題が発生する。先ほども述べたように、当時の銀行は自己資金が少ない。したがって、不良債権を処理しすぎると債務超過に陥ってしまう。さすがに債務超過にしてはまずい。そういうところに注意しつつ、バランスシートを見ながらそろばんを弾き、ほとんど一人で東京での不良債権処理を進めた。

ただし、文字通り「バッサバッサと切った」から銀行の資本準備金に食い込み、すれすれのところまで行った。行内でそのことを問題視する声も上がったが、「資本準備金を使って何が悪いんですか」と主張して認めてもらった。結局、資本準備金を使い果たすことはなく、債務超過にならないところで収めた。

## 先手を取って禍根を断つ

繊維関係の不良債権処理が終わると、住友銀行は機械、鉄鋼という堅いところに力を入れ始め、融資を前向きに増やした。当時は利ざやが大きく、ずいぶん利益を上げることができたから、あっという間に住友が銀行中で収益ナンバーワンになった。

当時、私がやったことを後になって考えると、「日本の産業構造が変わる過渡期に、時代の流れを先取りしながら融資先を再編した」ということになる。もし、あの時期に貸出先を替えず、繊維関係を中心としたままだったら、オイルショックの時点で住友銀行は債務超過になっただろう。

なお、「切った」と言っても鉈でばっさり落とすのではなく、ナイフで削ぐように悪い部分だけをきれいに落としたと私は思っている。それで十分なのだ。そうして悪い部分を早く処理すれば、早く経営体質を改善でき、再び攻勢に出ることができる。それが結果的に大成功へとつながり、住友銀行の快進撃が始まったのである。

余談になるが、だいぶ前に巽さんから「西川君は苦労したから顔にしみができた」と言われた。当時の心労を慮ってのねぎらいだったのだろう。何にしても「切る」という仕事はストレスがあるものだが、それを避けていては問題を悪化させるだけであり、後々もっと大きなストレスに見舞われる。したがって、何事も先手を取って禍根を断つほうがいい。同じ苦労をするならば、やり甲斐の大きい苦労をすることを心がけてほしい。

## 4 人を切る勇気を持つ

### やるべきことを断行する強い気持ち

ビジネスの世界で必要な要素の一つとして、私は「勇気」を挙げたい。

多くの人は、今何をやらなければならないかはわかっている。だが、それがなかなか実行に移せないときがある。外的な要因としては、強い反対がある場合に人はしばしば実行するのを躊躇する。内的な要因としては、失敗を恐れたり、責任を取りたくなかったりすると「わかっていてもやらない」ことになりがちだ。そういう障害を乗り越えていく上で勇気は不可欠なものである。前に出る勇気もあれば、退く勇気もあるが、いずれにしても「やるべきこと」は断固として実行する気持ちの強さと考えればいい。

勇気ということで思い起こすのは、一九九〇（平成二）年、住友銀行の磯田一郎会長に辞任を求めた一件である。当時、磯田さんは「住友銀行の天皇」と言われ、絶対的な存在だった。しかし、バブル崩壊で経営危機に陥り、その上、闇の紳士との付き合いが明らかになった商社のイトマンに対処するには、磯田さんが銀行に君臨していてはどうにもならなかった。というのは、イトマン側で最大のネックとなっていた河村良彦社長を、磯田さんが信任していたからだ。河村社長の首を切らなければならないことを誰もがわかっていても、磯田さんの威光を前にすると、それが実行できなかったのである。

なぜ、それほど磯田さんは河村氏を信頼したのか。すでに触れたことではあるけれども、イトマン問題の根にあるのは一九八六（昭和六一）年の住友銀行と平和相互銀行との合併だと私は考えている。

平和相互銀行をめぐって住友銀行は三和銀行と争奪戦を繰り広げた。どちらも関西を地盤としていて、平和相互銀行を手に入れることによって東京での店舗を増やしたいという意図があった。その平和相互銀行の株式でオーナーの小宮山一族が所有した分を、旧東京川崎財閥系の資産管理会社「川崎定徳」が買い取ったが、河村氏が社長を務めるイトマンのファイナンスカンパニーであるイトマンファイナンスが川崎定徳に資金を貸し出し、株式を担保にとった。この川崎定徳の購入した株式は河村氏の仲介で住友銀行に譲渡され、平和相互銀行争奪戦の勝負が決着した。河村氏は住友銀行時代から磯田さんにかわいがられた人だが、平和相互銀行との合併を橋渡ししたことで恩を売り、一段と評価が高くなっていたのだ。

### 気が重かった恩人へのクーデター

一九九〇年一〇月七日、磯田さんが日曜日にもかかわらず、記者を集めて緊急会見を開き、イトマン事件で世間を騒がせたことの責任を取って会長を退任すると発表したものの、その後も「巽外夫頭取が悪い」「玉井英二副頭取がけしからん」などと言って、なかなか辞めなかった。「このままではいけない」と私は危機感を募らせた。そこに、入行以来、私の「師」である玉井英二さんから「こんな宙ぶらりんの格好でいったのでは行内がおさまらない。にらまれている私がやったらまた大騒ぎになるから、君が部長連中を集めろ」というサジェスチョンがあった。

当時の私は常務企画部長だ。たしかに企画部長は主な部長会を取り仕切っているので、部長を集める権限がある。しかし、私も一応は取締役であり、自分が動くと露見する危険性があったので、企画部の次長を使って本部の部長全員に声をかけ、一〇月一三日、信濃町の銀行会館に招集した。結婚式などの理由でどうしても出席できない二、三名を除いた全員が集まった。

「あなた方は、イトマン問題と磯田会長に関して、どのように考えているのか」と私は切り出し、ほとんど全員から意見を聞いた。午前一〇時頃に始めて午後二時か三時くらいまでかかったと思うが、「磯田会長には早期辞任を求める」ということに意見が集約された。「この際、巽頭取に頑張ってもらいたい」とも書面に記し、それに出席者全員が署名するだけでなく、印鑑を持っていた人は印鑑で、持っていない人は親指を朱肉につけて判を押した。部長会でまとめたこの要望書を持って部長の一人が大阪へ行き、巽さんにリーガロイヤルホテルまで来てもらって渡した。

巽さんは部長会の要望書を受け取って、「行内をまとめ、部長をはじめとして行員全員が余計なことを考えずに仕事に精進をするために、磯田会長には退いてもらわなければいけない」と考えたそうだ。「君たちが支えてくれるから、私はその期待に添わなければいけないと思った」と、後に私は巽さんから聞かされた。

磯田さんに会った巽さんは面と向かって辞任を求め、部長会が要望書を出した三日後、磯田さんが取締役相談役に退くことが決まった。

部長が集まって会長に辞任を要求するなど、住友銀行の歴史上で前代未聞のことである。しかも、会社訪問の面接以来、磯田さんはずっと私に目をかけてくれてきた。いわば恩人であるその人を辞めさせるための「クーデター」を主導するというのは、気の重いことだった。しかし、住友銀行を守るためにどうしてもこれはやらなければいけない」と私は勇気をふるった。部長の中には磯田さんの秘書を務めた者もいて思いはさまざまだったにしても、勇気をふるったという点でみんな同じだっただろう。

「ここぞ」というときに勇気を発揮できるかどうか。それは組織の命運を左右する岐路となる。

## 5 特別な人脈より有効な人脈を持つ

### インフォーマルな人間関係で話がスムーズに

仕事において人脈というものが大きな力を発揮することは言うまでもない。人脈の力を改めて実感したのは、一九九三（平成五）年に商社のイトマンを処理する最終段階のときだった。イトマンを住金物産（現・日鉄物産）に合併してもらうことになったのだが、われわれが頭を悩ませたのは、消滅するイトマンが東証一部上場であるのに対して、存続会社の住金物産が非上場だったことだ。このままでは住金物産がイトマンの持つ上場の権利を継承できない。このときに知恵を貸していただいたのが野村證券の田淵節也さんである。

私が訪問して相談すると、「難しいことを持ってきたな」とおっしゃったが、野村證券はウルトラCのアイデアを授けてくれた。ただし、これは私の人脈で出した成果ではない。住友銀行の巽外夫さんのおかげである。巽さんと田淵さんは松江高校、京都大学で同窓という縁があり、非常に親しかった。その関係のおかげで、私はたびたび田淵さんにお目にかかっていた。つまり、巽さんの「人脈」に助けられたのである。

子どもの頃の住まいが近所で一緒に遊んだとか、学校の同窓生といったことで生じる「親しい人間関係」は特殊なケースであり、そうそうあるものではないが、仕事と別のインフォーマルな関係があると、話がスムーズに進むのは確かだ。私が調査部の駆け出し時代、「先生」について本社と工場の調査をした呉羽紡績（現・東洋紡）という繊維関係の会社があった。一九六六（昭和四一）年に呉羽紡績を東洋紡績に合併してもらったが、呉羽紡績の伊藤恭一社長（伊藤忠の二代目伊藤忠兵衛さんのご子息）が東洋紡績と人的な関係があり、うまくまとまったことを覚えている。企業合併ではトップ同士に付き合いがあるのとないのとでは交渉の進み具合が違うものである。

## されど有効な人脈は仕事の中で築ける

もっとも、私自身が特に意識して人脈を築こうとしたことはない。ただ、銀行での仕事を通して築いた人間関係によって助けられたことは何度もあった。たとえば、アメリカの証券会社ゴールドマン・サックスとの関係がそうだ。

住友銀行とゴールドマン・サックスとの関係はずいぶんと長く、始まりは一九八六（昭和六一）年に住友がゴールドマン・サックスに出資したことだった。当時、住友銀行は国際部門の強化を図っていたが、自前で人、ノウハウ、組織を整備していくのでは時間がかかるし、海外に資本調達の窓口があったほうがいいという判断から、パートナーとしてゴールドマン・サックスを選んだ。ゴールドマン・サックスは一八六九（明治二）年創業の有力な証券会社であり、その投資銀行部門の経営のスタイルや企業風土が住友銀行に似ていた。

住友銀行が出資した頃のゴールドマン・サックスはパートナーシップの会社──日本で言えば合名会社に相当する──であり、規模としては小さかった。グラス・スティーガル法が厳しい時代だから、株式会社化して上場した投資銀行はあまりなかったように思うが、ゴールドマン・サックスにとって住友銀行からの投資はけっこう大きなインパクトがあったようだ。

当初、私はゴールドマン・サックスとあまり接触がなく、本格的に付き合い始めたのは取締役企画部長として海外での資本調達を手がけたときからである。IR（インベスター・リレーションズ）活動でニューヨークやロンドンなどをまわり、投資家を対象とした広報を行ったが、そのアテンドをしてくれたのがゴールドマン・サックスだった。余談ながら、海外での資本調達やIR活動を行ったのは、日本の銀行で住友が嚆矢である。

その頃に知り合い、昵懇の間柄となったのがヘンリー・ポールソンさんだ。子ブッシュ大統領時代に財務長官を務めた方だが、二〇〇三（平成一五）年に三井住友銀行が約五〇〇〇億円の資本を海外で調達したとき、彼がゴールドマン・サックスの会長だった。

第一次増資の約一五〇〇億円はゴールドマン・サックスの直接投資、第二次増資の約三五〇〇億円はゴールドマン・サックスが主幹事となって海外の投資家に販売した。第二次増資の額は当初、三〇〇〇億円ぐらいだったのを、二度にわたって上積みをお願いし、受け入れてもらった。アメリカのビジネスはドライと言われるけれども、信頼関係があれば義理人情の入る余地はあると私は思っている。

また、ゴールドマン・サックスを水先案内人として海外をまわったことで築いた人脈が、思いもかけないところで役に立った。それは二〇〇三年、三井住友銀行がわかしお銀行を存続会社として合併したときだ。これによって三井住友銀行の法人格が消滅したため、イギリスの現地法人SMBC英国がFSA（金融サービス機構）の行政指導を受け、認可を取り消されてしまった。

これは想定外のことだった。日本の金融庁にあたるFSAに現地法人がいくら説明しても受け入れられないという報告がロンドンから届いた。このままではイギリスからの撤退を余儀なくされてしまう。頭取の私が直接説明するためにロンドンへ向かった。

まず、旧知の人物を訪ねることにした。中央銀行であるバンク・オブ・イングランドのエドワード・ジョージ総裁である。バンク・オブ・イングランドは許認可権限を持っているわけではないが、もともと一緒に金融行政を担っていたから影響力がある。エドワード・ジョージ総裁は「話は聞いている。FSAには私からも電話しておく」と言ってくれた。そのあとでFSAに行き、「実態は何も変わらない。不良債権の経理処理上やらなければいけないから三井住友銀行を消滅させた」と説明すると、先方は非常に丁重な態度で応対し、「よくわかっている。認可をおろすように手続きする」という回答を得た。

私はインフォーマルな特別の人脈を持ったことはない。しかし、仕事をする中で「有効な人脈」は築ける。これはバンカーとしての体験を踏まえた実感である。

# 第五章◎成果を出す人

# 1　目的がはっきりしている

## 人の目が届かない仕事で甘えてはいけない

成果が出る仕事のやり方を簡単に言えば、まず目的を明確にすることである。目的があやふやでは何をしていいかわからない状態になる。どんな仕事でも人を相手とするだけに、目的が相手にきちんと伝わらなければ意味がない。ちなみに、相手とする人が目的にふさわしいかどうかを考える必要は当然あるが、よほど変な人でない限り、大抵は大丈夫である。

次に目的を達成する方策を考える。そして、実行に移す前に条件が整っているかどうかを確認する。これが動き出すときの前段階だ。

実行するときはチェックが重要になる。たとえば、交渉している過程で「目的とする方向に進んでいるか」をチェックする。交渉が終わり、契約する段階では、「本当に自分の目的としたものになっているか」「できあがった成果が満足できるものか」

をチェックする。チェックを怠っていい加減な状態に放っておくと、自分の目的にかなわないばかりか、人に迷惑をかけることにもなりかねない。そこは最後まで気を抜かず、仕上げるためのチェックを怠ってはいけない。

仕事が忙しく、大変なときは「この程度、できればいい」と、つい妥協してしまいがちである。とりわけ他の人の目が届かない仕事は、甘えようと思えばいくらでも甘えられる。しかし、それではいい結果が出てこない。したがって、「甘えてはいけない」と自らを戒める姿勢が絶対に必要である。そして、間違いは間違いとして認め、きちんと訂正し、正しい方向に持っていかなければいけない。その際、少し視点を変え、客観的に見直すことが一つのポイントだろう。言い換えれば、いかに自分を冷静に見ることができるかということである。

## 「ごますり部下」をどう排除するか

とはいえ、一人だけだとチェックが曖昧になりがちではある。典型的なのは組織のトップだ。自分の上に誰もいないから、否応なく自分でチェックするしかないが、人はどうしても自分に甘くなる。だから、厳しい状況に置かれたときに、嫌な数字を見たくなかったり、悪い報告を聞かなかったりして、現実を直視しないトップも出てくる。そういう人は現実を見ない代わりに頭の中を楽観が支配して、事態を甘く見積もるのが常だ。しかし、現実から逃げてはいけない。悪いことがあったら、それはそれとして受けとめる。そして、悪い状況を一挙になくすことはできないから、前向きに解決していくよう努める。これ以外に選択肢はない。

トップという立場を経験して実感したことだが、トップがつらいところは孤独であることだ。それだけに「おいしいこと」「喜ぶこと」ばかり言う「ごますり部下」を重用してしまったりする。けれども「ごますり部下」が何の役にも立たない人間だったら会社の先行きは暗い。

この手の「ごますり部下」の危険をどういうふうに避ければいいか。上に立つ者は自分を喜ばせてくれる人を尊重するのではなく、いい考え方を持っている人の意見を尊重することである。ただし、その人の給料を上げたり、序列を引きあげたりはしない。そういうことをするからおかしくなる。「いいことを言っている」「もっともだ」

という意見を尊重するだけでいいのだ。そうすることで、ごまをする人を排除できる。地位も給料も上げてくれないのなら、ごまをする意味がなくなるからだ。

いずれにしても、自分を厳しくチェックするのは容易ではない。仕事というのはなかなか理想通りに進められず、紆余曲折があるものだ。チェックするたびに「まだ次のステップにたどり着けないでいる」となると、気持ちが暗くなる。だが、そこであきらめないことが大事だ。

たとえば、「銀行のリテール部門を一〇パーセント増やす」という目標があったとしよう。新規の支店が思うように開けないといった事情で難航し、数字が五パーセントから上がらない日々が続く。しかも、打開するための有効な手立てが見つからない。それでもあきらめないでチャレンジし続ける気力を持ってほしい。

松下幸之助さんは成功の秘訣を訊ねられて、「成功するまで続ける」と答えたそうだ。「成功するまでやれば、成功するのは当たり前だ」と思うかもしれないが、これは目標達成が見えないときに必要な心の持ち方をおっしゃったのだと思う。

## 2　スピード感を持っている

### 「三割でよし」と見切りをつける

バブル崩壊から二〇年にわたって不良債権の処理が続けられたが、煎じ詰めれば単純なことである。「ロスを出すか、出さないか」という問題だけなのだ。

もちろん不良債権といえども回収を極大化すべく努力しなければならないが、そればかりにこだわっていると前に進まない。したがって、ある程度のところで見切りをつけるしかない。たとえば、「これは三割回収すれば大成功だ」というふうに割り切る。そして、残りの七割は捨て、最大限の回収がなされたことにして終えるのである。そういう枠組みで取り組まないと、処理は前に進まない。いや、進まないどころか、こだわりすぎてグズグズしている間に、状況がいっそう悪化するケースは少なくない。典型的なのは担保物件の処分である。

債権回収において担保はきわめて重要な要素で、できるだけ高く処分したいと誰もが考える。しかし、「高く売りたい」「高く売りたい」と待っている間に、早く現金化しておけばそれを融資に回して得るはずだった金利分の損失が発生する。これだけでも大きい。最大限頑張って一割増えるか増えないかぐらいのことで時間をかけていると、増えた分がこの金利ロスで飛んでしまうことがあるのだ。

最悪の事態は、時間が経つ間に売れるものも売れなくなってしまうことだ。それは「回収できるはずのものが回収できなくなった」ことを意味する。実際、バブル崩壊では価格が大きく下がっているのに買い手のつかない不動産があった。一年前に一〇〇万円だった土地が五〇万円に下がっても、「まだ底を打っていない。一年後には二五万円に下がるかもしれない」とみんなが思ったら買うわけがない。当たり前のことである。

要するに、不良債権は「早く処理をすること」が最も適切な対応であり、そのためには割り切ることが必要不可欠なのである。努力すれば四割を回収できるとしても、そのために時間がかかるのであれば「三割でよろしい」と割り切る。そのほうが効果的である場合が多い。

荒っぽい話だと思われるかもしれないが、あまり微に入り細をうがっても不良債権処理は埒が明かない。それならば割り切ったほうが賢い。枝葉末節を考えていたら切りがないし、また枝葉末節を考えることにどれほどの効果があるかというと、実際には大した効果がない場合が多い。行き着くところが同じであるならば、早くきれいにしたほうが気持ちがいい。

## スピードは競争力そのもの

不良債権処理にかかわらず、スピード感を持って物事を進めていくことは現在の社会で必須の条件である。住友銀行の頭取就任時に支店長会議で行った挨拶の草稿を見返すと、「スピードは競争力そのもの」という部分を私は「スピードとは他のどんな付加価値よりも高い付加価値だ」と書き直している。当時の住友銀行は「週刊ダイヤモンド」が行ったアンケートのスピードに関する評価で、金融機関中、野村證券に次いで二位という評価を受けたから、決してスピードに劣っていたわけではない。しかし、現状に安住せず、さらに磨きをかけたかったのである。

また、住友銀行とさくら銀行の合併において、まず三井住友銀行を誕生させ、翌年に持ち株会社の三井住友フィナンシャルを発足させた。他のケースは最初に持ち株会社を設立し、その下に合併する会社を置き、緩やかに統合を進めることが多い。なぜ、そうしなかったかと言うと、時間をかける余裕はないと判断したからである。

二〇〇一（平成一三）年四月、三井住友銀行として最初の部店長会議が開かれたとき、幹部クラスの職員一〇〇〇名を前にして、私は「変化への対応力とそのスピードが企業の死命を制するものだ。われわれの最大の敵は時間であり、時代の変化でありますす」と述べた。そして、合併後一〇〇日以内にコスト削減とリストラの計画を策定し着手する「百日作戦」を打ち出した。

通常は合併の効果が出るまでに二、三年はかかる。しかし、当時、株主や監督当局が銀行を見る目は厳しく、一刻も早く結果を出さなければならないと私は考えた。「百日作戦」の成果は大きく、聖域なき徹底した見直しの結果、二〇〇二（平成一四）年三月期にはＯＨＲ（業務粗利益に占める経費の割合）が前年の四六・六パーセントから一一・四ポイント下がって三五・二パーセントになった。同時に、この取り組みが旧住友銀行と旧さくら銀行の壁をなくし、三井住友銀行としての一体感を後押ししたと思っている。

仕事というのは総じてスピードが重要な要素である。どんな仕事でも時間をかければいいものができるというわけではないし、その間のロスを考えれば早く処理したほうが断然有利なのである。

そのことは国会の論戦を見ていればわかる。時間をかけてああでもないこうでもないといって、別に納得が得られるわけではない。また、国会が延長されると、それだけ余計に経費がかかり、税金の無駄遣いである。さらに官僚を含めてマンパワーのロスもある。会期中は答弁の原稿や想定問答集の作成に時間を取られ、他の仕事ができなくなる官僚もいる。予算委員会が開かれている間、財務省の官僚などはオフィスの椅子に座って寝ている人がいるくらいだ。

皮肉を言うつもりはないが、スピードの重要性を理解する上で国会はまことにわかりやすい反面教師である。

## 3　お客をよく知る

### 一方的にしゃべってはいけない

いかなる事業でもお客さまというものがある。このお客さまに対する応対の仕方は大事であり、その能力がビジネスで結果を出すときに大きな鍵を握っている。

お客さまへの対応の要諦を一言で言えば、「お客さまを知る」ということだ。だから、こちらがあまり一方的にしゃべってはいけない。お客さまの話を引き出し、それに応じて話を進めていく。あるいは、世間話でも何でもいいのだが、他の話をしながら自分のお願いしたいこと、自分の言いたいことをその間に入れていく必要がある。自分のお願いしたいことだけをまくし立てても迷惑がられるだけである。

ところが、ノルマの重圧に押されて「とにかく今月、お願いします」と「お願いします」を繰り返す人がいないではない。これはあまり好ましくない態度である。

銀行の営業を例に取れば、預金が欲しいとストレートにお願いするよりは、まず相手の様子を見て、相手の資金量はどれぐらいかという見当をつける。そうでなければ、どれだけの金額をお願いしていいのかわからない。

貸し出しについても同様である。資金需要がどのくらいあるのかということをしっかりと把握しなければならない。また、担保があるのか、ないのか。金利はどのくらいならいいのか。こういった条件も貸し出しの場合は重要だ。資金需要と貸し出し条件などの先方のニーズを把握した上で、現在の借入金額を勘案し、お願いできるギリギリのところまでお願いをする。これが当たり前の対応である。

ただし、銀行の場合、その特性として、他行との関係も念頭に置いておく必要がある。企業が一つの銀行だけと取引する一行取引もあるけれども、それは珍しいケースだ。だいたい取引銀行は複数あり、四、五行くらいが一般的である。したがって、取引銀行全体の中で「自行がどの程度お願いすればいいか」をよく考えながらやっていかなければならない。

それを無視して、「あそこの銀行より、うちを優先してほしい」などと露骨に伝えるようでは駄目である。そういう気持ちを表に出すと「この人は自分のことしか考えていない」という印象を相手に与える。それはお客さまの心に不信感の種を蒔く行為だ。言いたい気持ちはわかるが、いくら言いたくても本音を抑え、「全体の中で自分たちはどの地位を占めさせていただくか」を見極めてお願いすることが肝心である。

銀行の営業における一番大きな目標はメーンバンクになることだ。複数行取引の中で「いかにして自分たちがメーンの位置を占められるか」を営業担当者は常に考えているはずだろう。メーンバンクになるためには、他行の担当者よりもお客さまの心をつかむ工夫や努力をするしかない。そして、本当に気に入っていただき、「メーンの銀行にしよう」と相手が考えるような状況をつくる。それは、一つひとつ信頼を積み重ねて可能になる。

## 信頼してもらうために必要なこと

お客さまの信頼を培うポイントは、第一に「この人は本当に自分たちの会社のことをよくわかってくれている」と思われることだ。では、何をもって「わかってくれている」と思うのか。自分の会社のこと、あるいは自分たちが属している業界のことについて「よく勉強している」と感じれば、多くの人は信頼感を持つものである。したがって、信頼してもらうためには、相手の会社の中身や業界のことを勉強しなければならない。

相手の会社の状況を把握する努力の要は数字である。業績もしかり、資金需要もしかり、あるいはその企業の属する業界の状況のこともしかりだ。中堅クラスの企業はそれほど多くの分野をやっているわけでなく、二つか、三つぐらいだが、規模が大きくなると範囲が広くなる。「会社の中身や業界を勉強する」と口で言うのは易しいが、大企業を相手にするときはよほど勉強しないと意が通じないケースも出てくる。しかも、担当する会社は何社もあるはずだから、本当にさまざまな分野を勉強しなければいけない。一つの業種どころか一つの企業を深く知ることとさえ並み大抵のことではないから、大変な努力が求められるのは確かだ。

ただし、その会社や業界のことは相手のほうが精通していて当然であり、それと同じレベルまで銀行員が勉強する必要はない。「大方はわかってくれている」「一通りのことはわかっている」という程度で十分である。「相手の会社の属する業界の現状」

「そこでその会社がどういうポジションにあるのか」「公開されているデータはきちんと頭の中に入れておく」の三つを最低ラインとして考えればいいだろう。

## 相手の「得意」を知る

また、「知っておくべきこと」として「相手は何が得意か」も重要である。なぜかというと、「相手の得意をさらに伸ばしていくとき、自分たちが提供できるサービスは何か」を考えるためだ。それは融資であったり、外国為替であったりするだろう。相手に必要なものが外国為替のサービスであると見て取ったなら、自分が融資の担当であっても、自行の外国為替サービスについて提案をする。こういうことの積み重ねで信頼が醸成されていくのである。

あるいは、新規事業も着目すべき一つである。十年一日のごとく同じことだけやっているところもないわけではないが、成長する企業は新しい分野を開拓している。新しい事業においては従来の事業と異なるニーズが発生する。それを発見して提案し、サービスを提供する。こういう努力がお客さまの信頼を高めることにつながる。要するに、「相手が何を望んでいるか」「ニーズがどの辺にあるか」を把握することが、お客さまとの応対でポイントとなる。

決算書や新聞報道などには基本的な数字が出ているし、上場会社であればいろいろなデータが公開されているから、基本的には数字を見ることである程度わかる。しかし、書類だけではわからない部分は話をする中でつかんでいくしかない。たとえば、直近はどうなのかということは過去のデータではわからないし、資金需要という未来のことは「今後、会社をどうしていきたいか」を聞き出さないと見えてこない。

だから、取引先と雑談すると言っても、昨晩の阪神タイガースの試合はひどいものだったといった、まったくの雑談で終始するようでは困る。やはり相手の会社の現状や将来に対する見通しなどをつかむための雑談を心がけることが肝要である。

だからといって、「今年度の利益見通しは？」「来年度の売り上げ計画は？」等々、数字にこだわって一方的に聞いていると、相手は嫌な気分になるものだ。こちらの要求ばかり話すわけにいかないのと同様、こちらが知りたいことだけ聞くのではなく、相手が話したいことも聞き、相手が知りたいことを話す。これを忘れてはいけない。

## 4　逃げず、ひるまず

### 状況が悪いと逃げるバンカーは下の下

景気も業界の動向もよく、取引先の会社の業績が好調であれば、こんなにいいことはない。銀行からすれば預金額も増えるし、融資も安心してできる。

では、反対に、景気と業界の動向が低迷し、取引先の業績が悪くなったとき、どのような対応をすればいいか。テレビドラマで「銀行につなぎ融資をしてもらっていれば、うちは倒産しないで済んだ」と倒産した会社の経営者が語るシーンが出てきた。厳しい状態の会社から銀行は手を引くと一般的に見られているのだろう。しかし、決してそうではないし、そうであってはならないと私は思う。

「悪い状況を脱却するために、どういうお手伝いをするか」をよく考え、提案をしていくことが、本来、バンカーのやるべき仕事である。したがって、状況が悪いからといって逃げるバンカーは下の下だ。「これはやめておこう」ではなく、あえていろいろな提案をして助ける努力をするところにバンカーとしての価値が問われる。特に、苦境にあっても事業としては悪くなく、打開策を講ずれば浮上すると思われる場合は、銀行としての考え方、ものの見方で打開策をまとめ、お客さまに提案すべきである。

その際、的確な提案をするには相当勉強しなければならないから、これは簡単な仕事ではない。しかし、提案内容はともかく、本当に親身に考えることはお客さまに対するアピールにもなり、好感を持たれる。そして、その会社が立ち直ることができれば、お客さまとの信頼関係が一層強まり、取引関係が強固になる。言い方は悪いけれども、相手のピンチはこちらのチャンスなのである。

残念ながら、悪い状態になると、そのお客さまに見向きもしないバンカーは少なくない。調子のいいときは足繁く通って親密な関係を築いたのに、調子が悪くなったらぱったりと行かなくなり、取引も抑え始めたら、相手はどう思うか。間違いなく不信感を抱く。その会社が逆境を脱して成長軌道に乗ったときに「資金が必要でしょう。融資しますよ」と提案しても、「そうですね。ありがとうございます」と簡単に受け入れてはくれないだろう。けんもほろろという態度は取らないにしても、かなり厳しい条件をつけるに違いないし、その後の付き合いも寒々しいものになるはずだ。

担当者は支店長から「そんなところからは手を引いてしまえ」と言われたとしても、簡単に手を引くのではなく、自分の頭で考えて立ち直る可能性があると思えば、何らかの形で協力をしていく。それはつなぎ融資かもしれないし、販路を紹介することも考えられるし、在庫がきわめて多い場合は減産するという対応策の提案もありうる。それぞれに事情があるから、処方箋は違うが、まずはその業界について他の企業からも話を聞き、教えていただくことだ。そのときに銀行のネットワークが活きてくる。

銀行はいろいろな業種の企業と取引している。いわば、産業界における情報ネットワークのハブである。自分が同業種他企業を知らなくても、行内に知っている人が必ずいる。その人を通して情報を収集すればいい。販路開拓にしても、企業を紹介する必要があれば、銀行内のネットワークで探すことができる。自分の担当ではなく、他の銀行員が担当する小売店と結びつけることも可能なのである。効果的な提案は、情報ネットワークの中で発見できるはずだ。

もっとも、救済策の提案は相手の状況にもよる。瀕死の重傷を負っているところは手助けすると言っても限界があり、現実問題として助けることはなかなか難しい。一方、それほど厳しい状況ではないけれども、強いアゲンストの風が吹いているような場合は、手助けできる可能性が十分にある。また、その会社の事業が斜陽化しておらず、今後、成長する見込みがある場合も同様だ。いかんともしがたいケースは事業縮小という方向で知恵を絞り、相手に提案していくことも必要になってくる。

## 相手が苦しいときこそしっかりした提案を

では、「手助けできるか、できないか」の見切りラインをどこに置くか。その会社が抱える問題と財務状況、事業の将来性などを総合的に見て、担当者が判断するより他にないが、私の経験を少し紹介しておこう。

安宅産業の処理をしたとき、舞台装置の有力メーカーだった三精輸送機を再建することにした。ここは安宅産業の関連会社でなく、取引先の一社なのだが、安宅産業が資金支援していて、ずいぶん業績が悪かった。しかし、競合する企業は三菱重工の関連会社を含めて三社くらいしかなく、舞台装置の技術を応用して、小規模なビルで使う小型のエレベーター、遊園地のメリーゴーラウンドや観覧車などの遊戯機械も製造できる。これらを総合して考え、「現時点ではよくないが、事業は有望だ」と判断した。銀行から人を入れて、社内の合理化や受注力の向上に努めた結果、再建は成功した。その過程では、中曽根康弘総理の時代に自治体のハコモノづくりが流行り、舞台装置が必要な音楽ホールなどが建てられるという幸運にも恵まれた。

一方、中村合板というメーカーは赤字続きで、事業自体に将来性がなかった。ただし、子会社の日本ハードボード工業の業績は悪くなく、事業に将来性があった。そこで親会社の中村合板を清算し、子会社の日本ハードボード工業を伸ばすという方針を採った。

三精輸送機はその後、三精テクノロジーズという社名に変わり、東証二部に上場している。また、日本ハードボード工業は現在、従業員数一三〇〇人を抱える東証一部上場のニチハである。

結局、「銀行として協力できるところはどこか」をよく考えても、効果的な対策がない場合は見切ることになる。しかし、繰り返しになるが、苦しいときにしっかりとした提案をすれば、相手から本当に喜んでもらえるし、その提案が効果を発揮してその会社が立ち直ったときに、「あのときは助けてもらった」と思っていただけたら、良好な取引関係が生まれる。悪いときに助ける、協力するということはきわめて大事である。

これは「言うは易く、行うは難し」だ。だからといって、逃げてはいけない。できる限り、前向きに取り組む。銀行の使命として大事なのは、お客さまのお役に立つということである。

さらにバンカーとしての欲を言うなら、逆風下にある会社を助けるだけでなく、事業を伸ばしていくための提案もする。両方できれば鬼に金棒だ。

## 5　ピンチはチャンス

### 金融ビッグバンをチャンスに

前項でピンチはチャンスと申し上げた。それについて私の頭取時代の出来事に触れたい。

住友銀行の頭取に就任した一九九七（平成九）年は不良債権問題が最大の課題だったことは言うまでもない。しかし、後ろ向きの話ばかりではなく、一方には前向きのテーマもあった。それは金融ビッグバンである。

私がまだ副頭取だった一九九六（平成八）年一一月、橋本龍太郎総理が金融の完全自由化――いわゆる金融ビッグバン――を提唱した。これは、銀行、証券、保険の間に設けられていた業務の垣根の一部を取り払い、金融機関がホールディングカンパニーをつくれるようになるなど、従来のものと比べて画期的とも言えるプランだった。

直面する不良債権問題を片方に置きながら、次のステップとして金融の完全自由化に向けて積極的に踏み出していくべきだと私は考えた。国の政策として金融の強化という方向性が打ち出された以上、銀行はそれを正面から受けとめ、銀行の体質を変えていかなければならない。いや、それどころか、金融の完全自由化は銀行が大きく変わっていけるチャンスではないのか。このチャンスを活かさずして、住友銀行の未来はない——大げさに言えば、そう思った。

橋本総理の金融ビッグバン構想に対して、日本の金融業界ではネガティブなとらえ方をする人が多かったと言われる。たしかにイギリスでサッチャー首相が金融ビッグバンを行ったとき、株式売買手数料の自由化によって一八〇あまりあった伝統的なマーチャント・バンクは大きな打撃を受けた。その意味で証券業界は既得権益を侵される面が強かった。実際、日本でも株式の委託売買手数料が下がり、証券会社が商売にならないという状況が生じているが、そのため証券会社も危機感を持ち、株式の委託売買を中心としたビジネスからインベストメント・バンカーへ変身しようという流れが出てきた。

では、銀行はどうか。それまでの銀行業界は大蔵省の護送船団行政で守られる一方で、経営の自由度が限られていた。たとえば、金利の自由化は大口定期の金利からスタートしたが、八年かけてもなかなか進まなかった。ステップ・バイ・ステップと言えば聞こえがいいけれども、遅々として進まなかったというのが私の実感である。しかし、橋本総理の金融ビッグバン構想が実現すれば、一挙に変わる可能性がある。

当然ながら、自由化によって大蔵省の保護がなくなり、銀行が倒産する事態も生じるだろう。従来なら考えられなかった危機にさらされるのは事実だ。

**チャンスととらえれば大きな変化をつくり出せる**

これをピンチととらえて身構えるか。それとも、チャンスととらえて成長をめざすか。私は絶好のチャンスだと判断した。

そして、まずは投資信託の窓口販売に力を入れることにした。目的はリテール部門の強化である。投資信託の販売といっても、銀行が直接、資金を運用するわけではなく、代理販売をするだけではあるが、これを手数料ビジネスで一つの大きな柱ととらえた。

それまでの個人部門は個人のお客さまの預金と住宅ローンくらいしか仕事がなかった。預金は法人への貸し出しのために集めているから、運用は法人部門がやる。そのため、個人部門が利益を出せるのは住宅ローンだけで、なかなか採算性を高めることができない。そこで、投資信託の窓口販売が始まる前に組織を改編し、国内業務を法人と個人に分けた。運用も法人と個人に分け、それぞれに収益を算出することにした。

このときは、中堅クラスの社員を一回に五〇人ほど集めて、意見を聞いた。私が法人と個人を分ける理由を説明すると、いろいろな意見が出たが、ほとんど反対はなかった。第一線で働く者は、「今まで縛られていたものが解かれて新しい仕事ができる。だから、部門として分けるのはいいことだ」と受けとめたのだろう。電子メールでも意見を集めたら、担当部門が往生するほどの数が送られてきた。

また、頭取に就任した翌年になるが、シティバンクで個人業務を担当していた久保田達夫さんをスカウトし、個人部門のヘッドとして常務に迎え入れた。久保田さんは三菱銀行に入り、マッキンゼー、シティバンクと移った人で、この人事には行内から不満が出た。「なぜ、外から連れてくるのか。それも、いきなり役員にするなんて」というわけだ。私に直接、文句を言う人はいなかったけれども、ちょっとした波紋を呼んだ。

外から新しい人材を入れたのは久保田さんだけではない。破綻した山一證券の元社員で、投信販売要員とそのヘッドを務められるような人を一五〇人ほど採用した。この人たちのおかげで順調な滑り出しができた。その後、山一出身者の中から支店長が何人か出ているし、今は個人業務がしっかりとした柱に育っている。

それから、新しい職種も誕生した。銀行は信託業務ができないが、投信を中心にしたコンサルティングはできる。そこで、久保田さんのアイデアを受けて、個人のお客さまの運用相談にのってセールスする新総合職という職種をつくった。女性を対象に希望者を募ったところ、かなり人気が出て、やる気のある人を活かすことにつながった。

このように組織の改編、新しいビジネス、人材活用という面で大きな変化をつくることができたのは、金融ビッグバンのおかげである。

あとから振り返れば当たり前のことをやっただけなのだけれども、当時は「住友銀行はトップダウン経営が徹底している。だから、スピード感があった」という声があった。外からは、そう見えたのかもしれない。しかし、外部環境の変化、あるいは将来の見通しを契機として考えただけのシンプルな戦略にすぎないのである。違いがあるとすれば、ピンチがチャンスに見える人とそうは見えない人がいるということだろう。

## 6　成功ではなく苦労に学ぶ

### 成功がもたらす甘さに惑わされるな

成功には落とし穴がある。一つの商品があたって大きく収益を上げ、資金繰りも楽になる。こういうときには、上も下も気持ちが緩みがちである。一つのことに成功すると、人間はどうしても甘くなるのだ。

しかし、いつまでもその商品が売れ続けるわけではない。「次の商品」を開発しなければ、企業の成長は止まる。これは自明のことであり、誰もが頭では理解しているだろうが、いったん気持ちが緩むと、新しい分野を開拓する苦労に耐えて頑張る力が弱まってしまうし、新しい事業に甘い気持ちで取り組めば失敗につながるリスクが大きくなる。したがって、成功がもたらす甘さに惑わされず、新しい苦労にどれだけ真剣に取り組むかが問われる。それは「ゼロからの出発」になるからしんどいし、ロスが出るかもしれないが、そこを耐える精神力が必要である。

この「成功の落とし穴」は会社の大小にかかわらない。規模が大きい会社でも、業績がよくなり、借金が減ると気持ちが緩みがちになる。と言っても、それは働く社員たちの責任ではなく、人間の性《さが》ととらえるべきものだ。また、成功の果実はある程度、社員全体に分けなければいけないから、いくらかは緩めていい。しかし、それを青天井にしてはならない。基本的なところはトップがしっかり締めておかないと痛い目に遭う。社員を新しい挑戦に向かわせる責任はトップにある。

だが、トップもまた人間であり、成功を収めると気持ちが緩んでしまいがちだ。それ故に、トップには「今こそ、新商品の開発や新しい分野への進出を考えなければならない」と自分を叱咤する気構えが求められる。

## 成功の落とし穴を回避する知恵

かつてバブル経済が崩壊したあと、銀行は不動産融資で大きく傷ついた。そのロスを出して何とか不良債権問題を解決し、財務的にきれいな状態になった。そして、好調な事業分野が出てきて、業績も回復した。では、次のステップとして銀行は何をやるのか。同じものを扱っていたのでは駄目であり、リスクがあるけれど、新しい分野を開拓する。そこを現在、問われている。

ところが、景気がよくなって不動産価格が上がり始めると、不動産融資に向かう傾向があらわれてきた。不動産は担保になり、従来のやり方で苦労せずにできるからやりやすい。しかも、土地が値上がりすれば担保価値が上がるし、地価が上がることは売れるということでもある。値段が下がると思ったら「一年後はもっと安くなる」と考えるから不動産を買う人が減り、ますます値段が下がるが、値段が上がると思えば「今、買うほうが得だ」と考えるので取引が増え、ますます高くなる。その意味では、現時点に焦点を当てれば、不動産に注力してもおかしくはない。

だが、一九九〇年代のバブル崩壊を振り返れば、地価の高騰がいつまでも続くはずがない。それをわかっていて、今、銀行が不動産に力を入れようとしているとしたら、業績の回復と同時並行的に新しい分野を開拓してこなかったことを物語る。これは銀行の恥である。「そんなことはない。ちゃんとやってきた」と言うバンカーがいるなら、「それなら、少なくとも経営の改善に寄与した利益部門に力を入れるのが筋ではないか」と私は言いたい。

気を緩めないためには、繰り返すようだが「平時に見えるときでも問題を抱えている」という危機感を忘れないようにすることが大事だ。同時に、「バブルのときはあれだけ景気がよくなったのに痛い目に遭った」という過去をきちんと見つめ、「苦労に学ぶ」ことである。過去の成功に学ぶのではなくて過去の苦労に学ぶ。これが成功の落とし穴を回避するための一つの知恵だと私は思う。

苦労に学ぶという点でつけ加えると、トップが後継者を選ぶとき、自分がしてきた苦労を引き続きやれる人間かどうかを見極めることが大事だろう。たとえ自分が苦労している間の直属の部下だったとしても、状況がよくなれば甘くなる人物と思われるなら、後継者として適任ではない。苦労に学べる人、苦労を引き継げる人が最適な後継者である。

# 第六章◎危機に強い人

## 1　見たくない現実こそ直視する

### 環境がよくなると慢心する

企業を取り巻く環境がよくなり、安定した経営ができる時代に入ると、気持ちが緩むのは人の常である。環境がよくなると人は慢心してしまうものらしい。

日本の弱電企業はかつて世界で「白物家電王国」の地位に君臨した。しかし、現在は見る影もない。新興国の弱電企業が力をつけてきているのに対応できなかったことが一因だが、海外で製品を売っていたのだから新興国の企業がシェアを伸ばしているという情報は入っていたはずだ。それがわかっていて自社をダイナミックに変えられなかったのならば、やはり慢心のなせる業と言えるのではないだろうか。

とはいえ、単純に断罪しようというわけではない。パナソニックの創業者である松下幸之助さんは、家電不況の折に会長でありながら営業本部長代行を兼任されるなど、大変な苦労をされた。松下さんが亡くなられたあとでも、パナソニックはバブル崩壊で苦労している。そういう「厳しい体験」を有する超一流企業でさえも、巨額の赤字決算をするような事態にみまわれてしまう。なぜなのか。もちろん、経営陣が世代交代して往年の苦労や経営危機の体験が薄れたことも影響するだろうが、人間は「いい状態」に身を置いているとき、「悪い状態」を切実に考えることができないからではないかと思われる。

人間は安泰に安住する。その意味では、経営環境がよくなるということ自体にリスクがある。これはいわば「プラスのリスク」である。しかし、「いい状態」がいつまでも続くわけはない。当然、反作用として「マイナスのリスク」が必ず出現する。企業が業容を拡大するときはいろいろなリスクを計算するものだが、経営環境に追い風が吹いていて簡単にうまくいくことが続くと、ついついストッパーが外れてしまう。その間に、大きなトラブルが進行していたり、経済の状況が大きく変化したりしていても気がつかない。それは海外での競争力鈍化もあるだろうし、国内の中小企業が力をつけて伸びていることを見落とす場合もある。

そうなる危険性をあらかじめ読んでおき、対策を用意すべきだと私は思う。「マイナスのリスク」を予測するのは難しいことではある。しかし、「悪いときもある」と考え、それに対する手を打って堅くやっていくのと、慢心して突っ走るのと、どちらが賢明かは言うまでもない。現にバンカーの立場でさまざまな企業を見てきたが、名経営者として残っている方は皆、将来の危険を予測し、最悪の事態を想定していた。

## いい状態を続けるために努力する

事態が悪くなることを予測できていても、それを見ようとせず、心の中で「そんなことはあるはずがない」と思いたい心理が人間にはある。嫌なことを考えるより、青天井で盛り上がるほうが気分はいい。だから、「浮かれている場合ではない」とわかっていても、ついつい「不都合な現実」から目をそらしがちだ。そして、業績が悪化したら悪あがきをする。それが高じて、ついには粉飾決算に至る。

そういう坂道を転がり落ちないためには、「不都合な現実」から目をそらさず、楽観的に考えないことだ。「悪い状態」になればなおさらのこと、それが大事になる。状況が悪化したとき、多くの人は「そのうちに回復する」と考えがちだが、そこには大いなる落とし穴がある。

住友銀行は一九九五（平成七）年三月期決算で都銀では珍しい赤字決算を出した。銀行が赤字決算を計上するなど信用にかかわるから何としても避けるべきだと考えられていた時代である。それと同時に八〇〇〇億円の不良債権処理を発表したのだが、赤字決算にした理由の一つは株式売却による益出しを問題視したことだった。

それまで不良債権処理をする際、損失を埋めるために保有する株式を売っていた。と言っても、持ち合い株だから売りっ放しにはせず、買い戻した。その結果、バランスシートに資産として計上する株式の簿価が高くなってしまった。当然ながら、マーケットで株価が下がれば評価損を計上しなければならない。そうなったら元の黙阿弥だ。利益剰余金どころか自己資本まで食われるけれど、株式売却による益出しをやめ、その代わり赤字決算をして対処する。これが異例の赤字決算に踏み切った理由である。

一九九〇年代半ばの当時、三、四年くらいで株価の下落が止まり、株価が値を戻せば損失を回避できるだろうと楽観的に考える経営者もいたようだが、株価の下落が止まるかどうかはわからない。もちろん、株価が上がれば評価益が増える。しかし、株価の動向がわからないのだから、益出しを続けていては大きなリスクを負ってしまうことに変わりないのである。株価の下落が止まることを前提に考えるわけにいかないという判断だった。

この赤字決算に対しては、株式市場でネガティブな反応が出ることを覚悟していた。ところが、マーケットは「これで不良債権処理が進捗する」とポジティブにとらえて、住友だけでなく他の銀行の株価まで上昇した。これは予想外の結果だった。外と内とでは、ときに正反対の見方をすることがあると教えられた気がする。

このときの株価上昇はいい方向での予想外の事態となったが、何かの拍子でつまずき、いったん対応を誤ると、それが連鎖していき、ついには全体が崩れるという結果に至る。「悪化の第一歩」をどう見抜くか。そして、少しずつでも反作用が起きたときに、どう備えておくか。反作用が起こることを常に念頭に置きつつ、現在のいい状態を続けるための努力を怠らないことが必要なのだろう。非常に難しいところだけれども、それが経営者にとって必要な姿勢であることは間違いない。

## 2　見切りをつける

### 再建した会社と清算した会社の分かれ目

一九七五（昭和五〇）年一二月、安宅産業の経営危機に対応すべく住友銀行内にチームがつくられ、融資部次長だった私はその一員となった。以後、八年にわたって、のちに「生体解剖」と称される安宅産業の処理に従事するが、安宅産業本体と伊藤忠商事との合併が主軸だったものの、伊藤忠はほとんどの事業や関連会社を受け入れなかったから、「残された事業や会社をどうするか」という問題のほうが大きかった。

そこでは、再建した企業や事業と、清算した企業や事業とに分かれた。

再建した会社としては、共英製鋼という電炉メーカーと安宅産業との合弁でアメリカに設立したオーバンスチールがある。日本の電炉メーカーはどこも苦戦していたが、アメリカは状況が逆だった。高炉メーカーが日本企業に負けたことと原料のスクラップが豊富だったことから、電炉メーカーのほうに将来性が見出せたのである。そこで、資金面だけでなく人材面でも社長を送り込むなどして再建を進めた。その結果、数年で一応の再建ができた。その時点で住友商事に買収してもらったが、その後、住友商事はオーバンスチールから多額の配当を得ている。

また、安宅産業の関連会社ではなく、単なる取引先だったが、トーヨド建設も再建の対象とした。トーヨド建設は業績が悪く、安宅が資金支援した会社だった。住友銀行が主体となって再建を進め、最後は積水ハウスに引き受けてもらった。積水ハウスはプレハブが専門で、これから木造建築に出ていこうとしていた。トーヨド建設は木造建築を得意とする戸建業者だったことが条件にかなったのである。

それから、繊維と紙でつくるハードボードという繊維板のメーカーである日本ハードボード工業も成功した例だ。ハードボードはクルマのダッシュボードやドアの内側に使われる。ここは業績がそれほど悪くなく、事業自体に可能性があるから、銀行から社長を送り込み、東証一部に上場するまでになった。すでに触れたように、現在はニチハという社名である。

会社が再建できるか否かの判断は、いろいろと調べているうちに見えてくる。「借入金が多くても事業自体は順調」「業種として将来性がある」「競争力がある独自の技術を有する」「財務的にそれほど傷んでいない」等々、再建の可能性がある会社の条件は多種多様だ。一方、早く整理してしまったほうがいい会社の条件は、その反対と考えていい。たとえば、日本ハードボード工業の親会社は合板メーカーだったわけだが、赤字続きで事業自体に将来性がなかった。そこで親会社は清算し、子会社を伸ばすことにしたのだ。

## ごまかす会社は立ち直れない

もう一つ、「早く整理したほうがいい会社」を見抜くポイントは、「粉飾決算をしているかどうか」である。安宅産業の関連会社の処理でも、粉飾決算をしていた会社は早々に見切りをつけ、そうではなくて将来性があるところを再建し、さらに比較的順調だった会社はより大きく伸ばすという指針をもって判断した。

一度つまずき、それをごまかそうとした企業が立ち直るのは無理と言っていい。これが私の正直な見解である。一九五〇(昭和二五)年に朝鮮戦争が始まると、その特需によって軽工業から重工業まで、日本経済全体が好況になった。これは「糸へん、金へんブーム」などと呼ばれ、経営が傾いた会社も黒字に転じたことから「神風が吹いた」とも言われる。そのような神風が吹いて巨大な需要が発生し、在庫が一掃できるなどという幸運は、そうそうあるものではない。そして、いったん粉飾を始めてしまうと、うそはつき通さなければならないから、負の決算が累積していく。このたまったマイナスを、銀行が解消しようとしたところでどうにもならない。最も賢明な措置は「できる限り早く清算すること」である。

私が調査部に籍を置いた時代は粉飾決算が珍しくなかったが、支店サイドではなかなかわからなかった。本当によくできる人がいてきちんと見ていれば話は別だけれども、コンピュータが導入されていない当時は業務を人海戦術でやっていただけに、支店はきわめて忙しい。要するに、深く立ち入って貸出金の検討をするだけの人員が十分ではなかったのである。そのため、倒産したあとで粉飾決算が判明するケースもしばしば見受けられた。

また、支店の担当者が粉飾決算の疑いを抱いても、「何とかしなければいけない」

と考えて、業績がよくなる見通しもないのに深入りし、傷を大きくしてしまうことがあった。経営状態が悪化していることを支店が把握しても、何とか立ち直らせようとして「つなぎ融資」という名目の追い銭を与えたりするのである。それが功を奏することはほとんどないと言っていい。つなぎ融資で一息ついたとして、その後で本業が立ち直ってくれれば回収ができるが、そうは問屋が卸さないのが現実である。結局のところ、当面の破綻を回避するだけで終わり、貸出金を回収できずに倒産してしまうほうが多かった。

## 「一緒に頑張る」はかえって危険

追加融資を行い、ずるずると延命させた挙げ句に取引先の会社が倒産してしまうと、結果的に不良債権を増加させてしまい、銀行は大きなロスを被る。それを避けるためには早く倒産させるしかない。そのほうが損失は少なくて済む。

ところが、倒産を避けられないところは早く倒産させるほうがいいという見極め——言い換えれば「見切り」——が支店ではなかなかできない。とりわけ担当者が取引先の会社と「お互いに頑張りましょう」と気持ちを通い合わせている場合は、内部で「どうしても必要な融資だ」と頑張ってしまいがちだ。「一緒に頑張る」という思いは会社が順調のときはいいのだけれども、不調のときは逆に働く危険が大である。

したがって、支店の立場を離れ、客観的に見られる部門がチェックするシステムを銀行は採用していた。住友銀行には審査部というセクションがあった。この審査部が支店の行う融資を事前にチェックし、是か非かを判定する。しかし、審査部は新規融資においては客観的な立場を取れるが、つなぎ融資に関しては必ずしもブレーキ役にならず、のめり込むことさえあった。審査部がOKを出した貸出先は自分たちにも責任があるから、ストップをかけにくいのである。そして、審査部が「何とかして改善しなければいけない」「貸金を回収しなければいけない」と思えば思うほど、支店と同様に見切りがつけられなくなる。

そこで、調査部の意味が出てくる。OKかNGかではなく、第三者の客観的な視点で見た評価だけを示す。その上でどうするかは審査部や支店の仕事になるが、見切りをつけるように調査部サイドで主導することもあった。

いずれにしても、「自分の責任」を意識すると、誰だって責任を取らされたくないと思うから無理しがちである。「行き詰まった会社は倒産させるほうがいい」と頭でわかっていても、当面の破綻を避けようとする。「見切りをつける」ためには第三者的な目で見ないとなかなかうまくいかないのである。

## 3 自分でやる以外にないと心に決める

### 当事者でないと苦労はわからない

あらためて振り返ると、私のバンカー人生で平時はほとんどなかった。本当に厄介なことばかりやってきた、と感心したくなるほどである。一九七五（昭和五〇）年、安宅問題のチームに入れられて以来、平時と言えるのは丸ノ内支店長を務めた一年間くらいで、あとはずっと動乱期ばかりだ。

昔、同期から「君は安宅でえらくなれるからいいな」と言われたことがある。当事者でないとどんな苦労をしているかがわからないから、そういうふうに考える人もいたのかもしれない。

苦労したということでは、安宅産業の食品部門の関係でできた北洋漁業の会社が思い浮かぶ。当時は国際漁業という社名だった。この会社は業績がどうしようもなかったのでいったん清算し、安洋水産という会社を設立して事業を承継させたのだが、漁業というのは、金融はもとよりメーカーと比べてもまったく異質の世界だった。

安洋水産の本社は東京だが、宮城県の塩竈に船を置き、北太平洋の限られた海域だけで漁をした。一方は、規制が非常に厳しいアラスカやカナダに近い漁場、もう一方はソ連（当時）の海域である。したがって、水産庁が管理し、船を勝手につくって増やすというわけにはいかなかった。

漁の対象はかまぼこの原料になるスケソウダラがメーンで、いくらかカニがとれたりする。ただ、カニの漁場はほとんどソ連の海域だ。ソ連に船を拿捕されたことはなかったと思うが、国内に帰ってきてから密漁で捕まるという事件はあった。密漁してきたものは目立つから塩竈で売れない。そこで他の土地へ行って売るのだが、それを密告されて船内を調べられ、カニの脚が見つかって捕まったのである。つまり、漁労会社の形態だったから、船長以下、乗組員は歩合制である。つまり、漁獲高に応じて収入を得る。これは労働意欲を高める点で好ましい一方、収入を増やしたいがために船長も乗組員も無理しがちなのだ。

また、海員組合が銀行に押しかけてきたこともあった。安洋水産はエーシー産業という安宅産業の受け皿会社が所有していたのだが、エーシー産業を銀行が管理しているので、交渉がうまくいかないと銀行にやってくる。回数は多くないが、安宅産業処理の担当者として私が会わざるをえないときもあった。中には荒っぽい人もいた。

海員組合がやってくるのは人員削減といった人事に関わるトラブルが生じたときである。たとえば、漁獲高規制が厳しくなったので減船し、船員の数が減ると、押しかけてくる。本来は安洋水産と交渉するべきものだが、組合としては「バックにいる銀行にも要求した」という形をつくらないと人員削減で妥協できなかったのだろう。

銀行員にとって大きなショックだったのは、波が荒いときに船員が海に落ち、行方不明になるという海難事故だ。私が知っているだけでも、一、二度、起きている。いつまでも銀行が関わる事業ではないと思った。たまたま丸ノ内支店長の時代に取引を始めた山田洋行の創業者・山田正志さんが石巻の出身で、何の気なしに安宅産業の話をしたところ、「安洋水産を売りませんか」と買収を持ちかけられたので、買ってもらうことにした。

## 「仕事する力」を高めるには

開発が始まっていない大月カントリークラブも大変だった。泊まるところが他にないから現場から遠い石和温泉で一泊し、地下足袋を履いて業者の方と二日がかりで歩いた。

コースの設計図にもとづいて各ホールを回ると、高低差が一八〇メートルもあるのに、用地が足りていないために無理な設計をしていた。「これでは駄目だ」と素人にもわかった。結局、設計のやり直しから始め、足りない用地を追加買収したり、山梨県から貸していただいたりした。

用地取得の交渉が難航したときは、山梨県の有力政治家だった金丸信さんのところへ行って協力を頼んだ。また、JR中央線の送電線が横切っているホールがあったので、鉄塔の位置を変えてもらうようJRと交渉したが、これもかなり大変だった。

あの頃は「大変だ」と思うより、「何とかしなければならない」という気持ちのほうが強かった。部下を厄介な交渉の矢面に立たせるわけにいかないので、「自分がやる以外にない」と心に決めていた。そういう気持ちがあったから頑張ることができたのだろう。

同時に、銀行員とは無縁なはずの漁師さんとの交渉や、土木・設計・施工といった仕事を必死になってやったことが「仕事をする力」を高めたようにも思う。

## 4　尊敬する経営者・伊庭貞剛と堀田庄三

### 正道を無視するな

一九六一（昭和三六）年に入行し、二〇〇一（平成一三）年にさくら銀行と合併するまでの四〇年間を住友銀行で働いてきた私は、住友家の家訓に始まる住友精神の影響を受けたと思っている。

住友の事業の歴史を遡ると、江戸時代に至る。伊予国（現在の愛媛県）で別子銅山の開発に携わり、江戸時代の初期には両替商も営んだ。明治時代に入ると、三菱、三井は中央政府と緊密な関係を結んだけれども、伝統的に事業一筋の住友はあまり政治に深入りすることがなく、せいぜい公家出身の徳大寺家から養子を迎えたくらいである。この人が一五代の住友吉左衛門友純《ともいと》で、元老の西園寺公望の弟にあたる。

一八九五（明治二八）年、広島県尾道市で住友家の重役会議が開かれ、銀行の開設が決まった。なぜ、尾道で会議をしたのかと言うと、本拠の大阪と別子銅山経営の拠点である愛媛県の新居浜をつなぐ結節点が尾道だったからだ。この会議は「尾道会議」と呼ばれているが、同年一一月に大阪で住友銀行が誕生した。

このときに住友を率いていたのは、のちに二代目の総理事となる伊庭貞剛で、住友銀行の創始者でもある。住友銀行に入ってから『幽翁』『伊庭貞剛物語』といった伊庭の伝記を読まされたが、この人は本当に偉い経営者だったと思う。

伊庭は最初、明治政府に出仕して裁判官を務めた。住友の初代総理事になった叔父の広瀬宰平が一八七九(明治一二)年に伊庭を住友に入れ、最後は総理事まで出世したのだが、何が偉いかと言うと、「公害問題」と積極的に取り組んだことである。

銅鉱石を精錬する副産物として硫黄が出る。別子銅山の精錬所が出す硫黄を含んだ煙は周囲の田畑にずいぶん被害をおよぼした。「東の足尾、西の別子」と呼ばれ、明治時代の「公害」の代表的なものだったという。足尾銅山のほうは田中正造が明治天皇に直訴した事件で有名だが、別子の「公害」を解決したのは伊庭貞剛だった。当時としては相当のお金と労力を環境対策に注ぎ込んだ。今でも環境問題に関して「新居浜の煙害問題をどう解決していったか」という事例が取り上げられるほどである。

別子銅山の問題に関して、伊庭は「これでは企業が成り立たない」「煙害をなくすことが最優先だ」という趣旨の発言をしていて、自ら新居浜に駐在し、煙害対策に奔走した。それは文字通り、命がけで取り組んだ感があるが、被害の補償などでお金をかけても根本的な問題の解決にならない。抜本策として伊庭が採用したのは、別子での精錬をやめ、瀬戸内海にある四阪島という無人島に精錬所を移すことだった。最初はそこでも煙害が出たけれども、のちに回収装置をつくったことでなくなった。

その一方で、禿山になったところに植林を始めてもいる。私は住友林業の人に案内してもらい、別子銅山の跡を訪ねたことがあるが、愛媛県と高知県の県境の山はけっこう峻険だ。国道までは自動車で行き、途中から徒歩で登る。けもの道みたいなところもあった。南斜面のほうに、最盛期は一万人くらいの人が暮らした町の跡が残っている。学校もあったし、病院もあったそうだ。

植林した木が山に茂る前に伊庭は別子を離任して大阪へ帰った。そのときに詠んだのが「五ケ年の跡見返れば雪の山」という一句である。友人の品川弥二郎に送った手紙に書かれていて、品川はこれに「月と花とは人に譲りて」と下の句を加えた。要するに、伊庭はいいところは見ていないということである。

一九〇四（明治三七）年、「事業の進歩発達に最も害をするものは、青年の過失ではなくて、老人の跋扈である」と言って伊庭は引退し、滋賀県大津市石山の活機園に隠棲する。「老人」と言ってもまだ五七歳。還暦前である。

住友銀行に入って読んだ本の中で、「神経衰弱で身体の具合がよくない。座禅でもやってみようと思うのですが」と相談された伊庭が、「それは心得違いだ。神経衰弱だったら医者に診てもらいなさい。まずは病気を治し、元気になって座禅をしたければやればよろしかろう」と答えた話があったように思う。正道を無視して脇道を主に考えるような、この手の「心得違い」は今でもはびこっているが、それを正面からずばり指摘しているところが素晴らしい。こういう偉大な先輩の背中を見るのは励ましにもなり、戒めにもなった。

## 「この人が上にいれば大丈夫」という安心感

明治時代の経営者だった伊庭貞剛と私は、当然ながら面識も何もない。実際に接触があった方で素晴らしい経営者と感じるのは住友銀行の堀田庄三さんである。私が銀行に入ったときの頭取で、大変立派な人だった。

初めてお目にかかったのは、一〇月一日の一斉入社試験で採用内定者が七、八人くらいずつ、役員から質問を受けたときである。それほど難しいことを聞かれるわけでなく、私の場合は「銀行に入って何をやりたいのか」と尋ねられた。「調査の仕事をしたい」と答えると、「それはいいことだ。しかし、まずは支店でしっかりと銀行の仕事はどういうものかを身につけなさい。そのあと、調査に行きたければ調査に行きたいということを調書にずっと書き続けなさい」と言われたことを覚えている。

銀行に入った後は入行式などで訓辞を聞く程度で、直接、話をする機会はほとんどなかったが、一度だけ、ご自宅を訪問したことがある。一九六九(昭和四四)年七月に三洋電機の創業者である井植歳男氏が亡くなられた後のことである。堀田頭取が井植氏の葬儀で弔辞を読むことになり、調査部で三洋電機を担当していた私が弔辞の下書きをまとめるよう部長から命じられた。「頭取は午後五時に帰るからそれまでに間に合わせるようにしろ」と昼過ぎに言われ、脂汗を流しながら書き始めたのだけれども、すべてが頭の中に入っているわけでなく、調べなければならないこともあるから、五時までに間に合いそうにない。部長にその旨を伝えると、「下書きができあがったら堀田頭取のお宅にお持ちする」という段取りをつけてくれた。

弔辞の下書きを書き終えて芦屋のお宅にうかがったのは午後七時ごろだったと思う。浜芦屋という阪神電鉄の駅を降りて海側のほうにある木造の広い家だった。ご自宅は東京にあり、ご家族は東京で暮らしていた。堀田さんは大阪にいるときは芦屋の社宅での一人暮らしで、身のまわりの世話はお手伝いさんがやった。

堀田さんは入浴を済ませ、浴衣姿でくつろいでいた。弔辞の下書きを渡すと、「スイカがあるから食べていきなさい」と言われたが、さすがにスイカを食べるのは気が引けたので、食べずに待っていた。読み終えた頭取は「ご苦労さん。よく書いてくれた」とねぎらった後に、「これでは情が通じない」とおっしゃった。

（三洋電機を担当しているといっても、井植歳男さんに会ったことはないし、堀田さんとどういう付き合いがあったかも知らない。三洋電機をいつ創業し、どのようにして発展させたか、どんなふうに尽力したかは書けても、情が通ずるようなことを書けるはずがない。「こういうエピソードを入れろ」と言われれば入れられるけれども、勝手にいい加減な話を入れるわけにいかないし……）

そんなことを思っていたら、「まあ、これは君に言っても無理なことだ。そこのところは自分で書くから心配しないでいい。本当にご苦労さん」と言われたのを機に、そそくさと辞去した。

これが一番長く堀田さんと接した体験なので、謦咳に接したというわけではないが、非常に威厳のある方で、格式の高い話し方をされた。また、上司などから聞いた話だと、あまりダラダラとお話しにならず、部下がいろいろと言葉を連ねて説明したときは、「要するにこういうことだな」と一言でまとめたのだそうだ。頭の中の整理ができていて、問題をシンプルに考え、核心をつかめる方だったと思う。

そういう意味で怖いと言えば怖いが、本当に大事なことがわかっているから、下の人間からすると「この人が上にいれば大丈夫」という安心感はある。そのあたりも一九年にわたって頭取を務められたことにつながったに違いない。

## 関連年譜

| 年 | 著者関連 | 住友銀行関連 | 関連重大ニュース |
|---|---|---|---|
| 一九三八（昭和一三） | 奈良県橿原市（当時は高市郡畝傍町）で出生（八月） | | |
| 一九五二（昭和二七） | | 堀田庄三が頭取に就任（一一月二六日）。「住友銀行」に行名復帰（一二月一日） | 対日平和条約・日米安全保障条約発効（四月二八日） |
| 一九五四（昭和二九） | 奈良県立畝傍高校入学（四月） | | |
| 一九五七（昭和三二） | 大阪大学法学部入学（四月） | | 岸信介内閣が発足（二月二五日） |
| 一九六一（昭和三六） | 住友銀行入行（四月）、大阪市大正区支店に配属 | | |
| 一九六四（昭和三九） | 大阪本店調査部に異動（四月） | | 日本がＩＭＦ８条国へ移行（四月）、為替制限撤廃、ＯＥＣＤ加盟（四月二八日）<br>佐藤栄作内閣が発足（一一月九日） |
| 一九七〇（昭和四五） | 大阪本店審査部の企画部門に異動 | | |

| | | | |
|---|---|---|---|
| 一九七二（昭和四七） | 主にM＆Aの研修のため欧米を視察（四月～五月）、東京の審査第一部へ異動（一〇月） | | 田中角栄内閣が発足（七月七日） |
| 一九七四（昭和四九） | 融資部次長に就任（四月） | | 金脈問題で田中首相退陣表明（一一月）。三木武夫内閣が発足（一二月九日） |
| 一九七五（昭和五〇） | 安宅産業の経営実態調査を命じられ、磯田一郎副頭取担当の安宅処理特別チームに入る（一二月） | 安宅産業の経営危機発覚（一〇月）、磯田一郎副頭取をヘッドとする特別チームが編成される（一二月） | |
| 一九七六（昭和五一） | 新設された融資第三部の次長に就任（六月九日） | 安宅と伊藤忠の業務提携発表、「合併を目指した全面提携」（一月一二日）<br>住銀内に安宅問題の専門部署として融資第三部設立。担当は磯田副頭取と樋口廣太郎常務（六月九日）<br>住銀内に伊藤忠との合併交渉に備えたプロジェクトチームが発足（九月一〇日）<br>伊藤忠、安宅、住銀、協和銀が合併覚書に調印、記者会見（一二月二九日） | 安宅と伊藤忠が業務提携に調印（二月一四日）<br>伊藤忠が社内に六営業部門担当専務クラスで構成する検討委員会を設置。トップは瀬島龍三副社長（一〇月上旬）<br>福田赳夫内閣が発足（一二月二四日） |
| 一九七七（昭和五二） | | 住銀・協和銀と準主力四行（東京、住信、三菱、三井）で安宅の損失と不良債権処理の分担比率交渉がスタート（一月一九日、四月中旬にまとまる）<br>磯田一郎副頭取が頭取に就任。堀田会長は取締役相談役・名誉会長、伊部恭之助頭取は会長に（六月一日） | 安宅と伊藤忠が合併準備委員会を発足（一月一四日）<br>安宅と伊藤忠が合併契約書に調印（五月三一日、合併期日は一〇月一日） |

| | | | |
|---|---|---|---|
| 一九七九（昭和五四） | 融資企画部長に就任（七月） | | 第二次オイルショック（一月） |
| 一九八〇（昭和五五） | 融資第三部長に就任（一一月） | | 鈴木善幸内閣が発足（七月一七日） |
| 一九八三（昭和五八） | | 伊部会長が取締役相談役、磯田頭取が会長、小松康が頭取に就任（一一月二二日） | |
| 一九八五（昭和六〇） | 丸ノ内支店長に就任（四月） | | 主要五ヵ国蔵相・中央銀行総裁会議がドル高是正で合意（プラザ合意、九月二二日） |
| 一九八六（昭和六一） | 企画部長兼融資企画部長（四月）、取締役企画部長（六月）に就任 | 住銀が平和相銀を吸収合併、首都圏一〇三店舗を入手（一〇月一日）<br>住銀がゴールドマン・サックスに約五億ドルを出資（一二月五日） | 東京地検特捜部が平和相銀事件を捜査。特別背任容疑で経営陣四人を逮捕（七月六日）、起訴（二六日） |
| 一九八七（昭和六二） | | 平和相銀の不良債権の影響により三月期決算で収益トップから転落（五月）<br>巽外夫が頭取就任（一〇月一日） | ニューヨーク株式市場ブラックマンデー（一〇月一九日）<br>竹下登内閣が発足（一一月六日） |
| 一九八九（平成元） | 常務企画部長に就任（六月） | 三月期決算で収益トップに返り咲き（五月） | 消費税導入（四月一日）<br>中国で天安門事件（六月四日）<br>ドイツでベルリンの壁崩壊（一一月九日）<br>東証大納会で日経平均株価史上最高値（一二月二九日） |

| | | | |
|---|---|---|---|
| 一九九〇（平成二） | 住友銀行会館で部長会招集、磯田会長の退任を求める要望書をまとめる（一〇月一三日） | 住銀が伊藤萬に調査チームを派遣（八月三一日）<br>磯田会長退任会見（一〇月七日）<br>磯田会長が正式辞任、取締役相談役に。小松副会長、西貞三郎副頭取も辞任（一〇月一六日） | 日本経済新聞が伊藤萬過大不動産融資をスクープ報道（五月二四日）<br>伊藤萬の河村良彦社長が不動産事業からの撤退と一年間で七〇〇〇億円の不動産融資圧縮計画を表明（一〇月一一日）<br>大蔵省が不動産業向け融資の「総量規制」を四月から実施すると金融機関に通達（三月二七日） |
| 一九九一（平成三） | 専務に就任。他の二専務も昭和三六年入行組で、都市銀行最年少専務陣（一一月二二日） | 磯田前会長、伊部最高顧問、小松前副会長が取締役辞任（二月五日）<br>審査機能と業務推進を本部内に置く「本部制」を廃止（四月一日） | 河村イトマン社長が取締役会で緊急動議により解任（一月二五日）<br>大阪地検特捜部が特別背任の疑いで伊藤寿永光・許永中・河村を含む六人を逮捕（七月二三日）、その後起訴。<br>宮澤喜一内閣発足（一一月五日） |
| 一九九二（平成四） | | | 宮澤首相が極秘裏に主要銀行の頭取を軽井沢に招き不良債権処理に公的資金注入を打診、全頭取が反対（八月）<br>大蔵省、大手二一行の九月末不良債権額が一二兆三〇〇〇億円と公表（一〇月三〇日） |
| 一九九三（平成五） | | 森川敏雄が頭取に就任（六月二九日）<br>磯田一郎死去。享年八〇（一二月） | 金丸信自民党前副総裁を脱税容疑で逮捕（三月六日）<br>細川護熙内閣が発足（八月九日） |
| 一九九五（平成七） | | 三月期決算で都銀初の約三三〇〇億円の赤字決算を発表。八〇〇〇億円の不良債 | 兵庫銀行が経営破綻。戦後初の銀行の経営破綻（八月三〇日） |

| | | | |
|---|---|---|---|
| | | 権を一括処理（五月） | 住専処理で六八五〇億円の公的資金注入決定（一二月） |
| 一九九六（平成八） | 副頭取に就任（五月） | | 橋本龍太郎内閣が発足（一月一一日）<br>住専処理に対する公的資金注入を盛り込んだ住専処理法成立（六月）<br>橋本首相が金融ビッグバン構想を発表（一一月一一日） |
| 一九九七（平成九） | 五八歳で頭取に就任。五〇代の頭取は堀田庄三以来（六月） | | アジア通貨危機（六月）<br>三洋証券、北海道拓殖銀行、山一證券が経営破綻（一一月） |
| 一九九八（平成一〇） | 住銀の株価が東京三菱銀を抜き大手銀でトップに。「西川プレミアム」の始まり（夏） | 金融機能安定化措置法に基づく金融危機管理審査委員会（佐々波楊子委員長）決定で大手行と一部地銀に総額一兆八〇〇〇億円の公的資金が注入。住銀には一〇〇〇億円が注入（三月） | 改正日銀法施行、中央銀行の独立性を明確化（四月）<br>小渕恵三内閣が発足（七月三〇日）<br>金融再生法（一〇月一二日）、金融早期健全化法（一〇月一六日）可決成立。破綻申請が即日認定され、日本長期信用銀行が一時国有化（一〇月二三日）。 |
| | | 住宅金融債権管理機構（中坊公平社長）が住専の母体行の「融資媒介責任」「紹介責任」を問い住銀に損害賠償請求訴訟（六月） | 日本債券信用銀行が一時国有化（一二月） |
| 一九九九（平成一一） | | 住管機構が起こした裁判が和解合意。住銀が三〇億円支払いに応じる（二月一日）<br>金融早期健全化法に基づく大手一五行に対する公的資金注入が完了、住銀には五〇一〇億円が注入（三月末）<br>住銀とさくら銀（岡田明重頭取）が合併を発表（一〇月一四日） | 速水優日銀総裁がゼロ金利政策を導入（二月）<br>興銀、富士、一勧が経営統合を発表（八月二〇日） |

| | | | |
|---|---|---|---|
| 二〇〇〇（平成一二） | 全国銀行協会会長に（四月） | | 森喜朗内閣が発足（四月五日）<br>金融庁が発足。旧大蔵省・金融監督庁・金融再生委員会などの業務を引き継ぐ（七月）<br>みずほフィナンシャルグループの創設発表（五月）、日本初の銀行持株会社「みずほホールディングス」設立（九月二九日） |
| 二〇〇一（平成一三） | 三井住友銀行初代頭取に就任（四月一日） | 三井住友銀行が発足。当初合併予定は〇二年四月だったが両行の統合戦略委員会で検討し一年前倒し（四月一日）<br>〇二年三月期の業績予想を下方修正、連結最終損益が一八〇〇億円の黒字から一五〇〇億円の赤字に転落（一一月二一日） | 日銀が量的緩和政策を導入（三月）<br>三和、東海、東洋信託銀が経営統合、UFJホールディングスが発足（四月二日）<br>小泉純一郎内閣が発足（四月二六日）、竹中平蔵が経済財政政策担当大臣に就任 |
| 二〇〇二（平成一四） | ニューヨークのゴールドマン・サックスを訪問、資金調達の打ち合わせ（五月。八月に二度目の訪問）<br>三井住友フィナンシャルグループ代表取締役社長を兼務（一二月一一日） | 三井住友銀がダイエーに対し主力の他二行と合計五二〇〇億円の債権放棄（一月）<br>さくら銀行の子会社として設立された傘下のわかしお銀行を存続会社とする逆さ合併発表（一二月） | 小泉改造内閣で竹中平蔵が金融相を兼務（九月三〇日）<br>竹中金融相が金融庁に金融分野緊急対応戦略プロジェクトチームを発足（一〇月三日）、三〇日に金融再生プログラムを発表 |
| 二〇〇三（平成一五） | 楽天相談役とDLJディレクトSFG証券（のちに楽天証券）社外取締役に就任（一一月） | ゴールドマン・サックスによる増資、GSが一五〇三億円の優先株を直接引き受け（一月一五日）。二回目の増資策として三四五〇億円の優先株発行を決定（二月一七日。払い込みは三月一七日）。 | 郵政事業庁（〇一年一月六日の中央省庁再編により発足）が改組し日本郵政公社が発足（四月一日）。総裁に生田正治商船三井会長が就任<br>日経平均株価が七六〇七円八八銭の大 |

| | | | |
|---|---|---|---|
| | | 三井住友銀とわかしお銀行が合併（三月一七日）<br>三井住友FG株として上場来最安値、一六二〇円（四月） | 底をつける（四月二八日）<br>産業再生機構が発足（四月一六日）<br>政府がりそなホールディングスに対し一兆九六〇〇億円の公的資金注入を決定、実質国有化（五月一七日） |
| 二〇〇四（平成一六） | 二度目の全国銀行協会会長（四月一日）<br>高木邦夫ダイエー社長に産業再生機構入りを通告（八月二七日） | 三井住友銀がプロミスと資本提携（六月）<br>沖原隆宗UFJ銀行頭取が三井住友FGとの統合交渉を拒否（八月二日）、三菱東京FGと統合の基本合意を発表（八月一二日）、一〇日に統合委員会発足<br>三井住友FGがUFJに一対一の統合を提案（八月二四日） | UFJが住友信託に対するUFJ信託売却を白紙撤回（七月一四日）、一六日に三菱東京FGと経営統合の協議開始を発表<br>高木ダイエー社長が産業再生機構入りを応諾（一〇月一三日） |
| 二〇〇五（平成一七） | 頭取とFG社長を退任、特別顧問に就任（六月）<br>大腸に癌が見つかり（八月）、検査入院（九月）、一〇月に手術<br>日本郵政株式会社（民営化後の持ち株会社になる準備企画会社）初代社長に内定、竹中総務相と記者会見（一一月一一日）、三井住友銀行特別顧問を退任（一二月三一日） | 業績下方修正による二四〇〇億円の赤字転落を発表（二月二八日）<br>融資第三部廃止（四月一日）<br>奥正之が頭取に就任、北山禎介三井住友FG副社長がFG社長と住銀会長に就任（六月） | 三菱東京FGとUFJが二〇〇五年一〇月一日付けの合併を決定（二月一八日）<br>参議院本会議での郵政民営化関連法案否決を受けて小泉首相が衆議院を解散（郵政解散、八月八日）、総選挙で自民党が圧勝（九月一一日）<br>郵政民営化関連法案が可決・成立（一〇月一四日）<br>小泉改造内閣で竹中平蔵が総務相に就任（一〇月三一日） |
| 二〇〇六（平成一八） | 日本郵政株式会社社長に就任（一月二三日） | 三井住友FG株が上場来高値、一万三九〇〇円（四月） | 三菱UFJフィナンシャルグループ発足（一月一日）<br>安倍晋三内閣が発足（九月二六日） |

| 年 | 著者関連 | 日本郵政関連 | 関連重大ニュース |
| --- | --- | --- | --- |
| 二〇〇七<br>（平成一九） | 生田正治総裁辞任を受け日本郵政公社総裁を兼任（四月。九月まで） | 日本郵政グループ発足式（一〇月一日） | 福田康夫内閣が発足（九月二六日） |
| 二〇〇八<br>（平成二〇） |  | 日本郵政が「かんぽの宿」入札を公告（四月一日）。七〇施設をオリックス子会社に一〇九億円で一括譲渡する契約を締結（一二月二六日） | リーマン・ブラザーズ経営破綻（リーマン・ショック、九月一五日）<br>麻生太郎内閣が発足（九月二四日） |
| 二〇〇九<br>（平成二一） | 日本郵政社長辞任を発表、退任会見（一〇月二〇日） | 「かんぽの宿」オリックスへの譲渡断念を西川社長が記者会見で表明（一月二九日）<br>民主、社民、国民新の三党が、「かんぽの宿」売却問題で西川社長の特別背任未遂の告発状を東京地検に提出（五月一五日）、二七日に受理される<br>日本郵政の指名委員会が西川社長の留任支持を決定（五月一八日） | 衆議院総選挙で民主党が圧勝、政権交代へ（八月三〇日）<br>鳩山由紀夫内閣が発足（九月一六日） |
|  |  |  | 鳩山内閣が郵政民営化見直しを閣議決定（一〇月二〇日）。翌日、亀井静香郵政・金融担当相が次期社長に齋藤次郎元大蔵事務次官の登用を発表<br>国会で郵政株売却凍結法案が可決・成立（一二月四日） |
| 二〇二〇<br>（令和二） | 八二歳で死去（九月一一日）<br>「お別れの会」（帝国ホテル、一一月二五日）に約一四〇〇人が参列 |  | 新型コロナウイルス感染拡大<br>安倍晋三総理が辞任会見（八月二八日）<br>菅義偉内閣が発足（九月一六日） |

■本書のテキストは、２０１３年11月から２０１４年２月にかけておこなわれた西川善文氏へのインタビューをもとにして、編集部がまとめたものです。

講談社現代新書　2610

# 仕事《しごと》と人生《じんせい》

二〇二一年三月二〇日第一刷発行　二〇二一年四月一四日第三刷発行

著　者　西《にし》川《かわ》善《よし》文《ふみ》


発行者　鈴木章一
発行所　株式会社講談社
東京都文京区音羽二丁目一二―二一　郵便番号一一二―八〇〇一
電　話　〇三―五三九五―三五二一　編集（現代新書）
〇三―五三九五―四四一五　販売
〇三―五三九五―三六一五　業務
装幀者　中島英樹
印刷所　株式会社新藤慶昌堂
製本所　株式会社国宝社
定価はカバーに表示してあります　Printed in Japan



N.D.C. 335　186p　18cm
ISBN978-4-06-521841-9

## 「講談社現代新書」の刊行にあたって

教養は万人が身をもって養い創造すべきものであって、一部の専門家の占有物として、ただ一方的に人々の手もとに配布され伝達されうるものではありません。

しかし、不幸にしてわが国の現状では、教養の重要な養いとなるべき書物は、ほとんど講壇からの天下りや単なる解説に終始し、知識技術を真剣に希求する青少年・学生・一般民衆の根本的な疑問や興味は、けっして十分に答えられ、解きほぐされ、手引きされることがありません。万人の内奥から発した真正の教養への芽ばえが、こうして放置され、むなしく滅びさる運命にゆだねられているのです。

このことは、中・高校だけで教育をおわる人々の成長をはばんでいるだけでなく、大学に進んだり、インテリと目されたりする人々の精神力の健康さえもむしばみ、わが国の文化の実質をまことに脆弱なものにしています。単なる博識以上の根強い思索力・判断力、および確かな技術にささえられた教養を必要とする日本の将来にとって、これは真剣に憂慮されなければならない事態であるといわなければなりません。

わたしたちの「講談社現代新書」は、この事態の克服を意図して計画されたものです。これによってわたしたちは、講壇からの天下りでもなく、単なる解説書でもない、もっぱら万人の魂に生ずる初発的かつ根本的な問題をとらえ、掘り起こし、手引きし、しかも最新の知識への展望を万人に確立させる書物を、新しく世の中に送り出したいと念願しています。

わたしたちは、創業以来民衆を対象とする啓蒙の仕事に専心してきた講談社にとって、これこそもっともふさわしい課題であり、伝統ある出版社としての義務でもあると考えているのです。

一九六四年四月　野間省一

## 経済・ビジネス

## 知的生活のヒント



M

## 日本語・日本文化



P